高校健美操教育的理论与实践创新研究

庄雪芹 薛 峰 单宝德 ◎ 著

吉林出版集团股份有限公司

版权所有　侵权必究

图书在版编目（CIP）数据

高校健美操教育的理论与实践创新研究 / 庄雪芹，薛峰，单宝德著. — 长春：吉林出版集团股份有限公司，2024.2

ISBN 978-7-5731-4630-4

Ⅰ．①高… Ⅱ．①庄… ②薛… ③单… Ⅲ．①健美操－教学研究－高等学校 Ⅳ．①G831.3

中国国家版本馆CIP数据核字（2024）第049780号

高校健美操教育的理论与实践创新研究
GAOXIAO JIANMEICAO JIAOYU DE LILUN YU SHIJIAN CHUANGXIN YANJIU

著　　者	庄雪芹　薛　峰　单宝德
出版策划	崔文辉
责任编辑	徐巧智
封面设计	文　一
出　　版	吉林出版集团股份有限公司
	（长春市福祉大路5788号，邮政编码：130118）
发　　行	吉林出版集团译文图书经营有限公司
	(http://shop34896900.taobao.com)
电　　话	总编办：0431-81629909　营销部：0431-81629880/81629900
印　　刷	廊坊市广阳区九洲印刷厂
开　　本	787mm×1092mm　1/16
字　　数	216千字
印　　张	13.25
版　　次	2024年2月第1版
印　　次	2024年2月第1次印刷
书　　号	ISBN 978-7-5731-4630-4
定　　价	78.00元

如发现印装质量问题，影响阅读，请与印刷厂联系调换。电话：0316-2803040

前　　言

在音乐背景下做运动不仅能有效缓解个人情绪，而且还对培养学生性格和气质的塑造均起到积极的作用。近年来，随着高校体育事业的不断发展，体育教学的内容也变得更加丰富。在目前高校体育运动项目当中，健美操是一项融合体育与艺术、集健身与娱乐于一体的有氧健身运动，它动作丰富、节奏感强，成了高校体育教学中主要的教学内容。将健美操教学与训练融入高校体育教学中，能够有效地促进了我国高校体育教学水平的提升，对当代大学生身心的健康成长具有重要的意义。

虽然健美操教学已经在我国高校体育教学中有所普及，但是高校健美操教育中还存在许多问题亟待解决。因此，作者便撰写了《高校健美操教育的理论与实践创新研究》一书，从健美操的基础理论出发，对高校健美操教学方法的创新和训练水平的提升提出相关建议，以促进高校健美操教学的进步。

本书在编写过程中，参考和借鉴了国内外许多专家学者的研究成果，在此一起表示最诚挚的谢意！由于编写人员能力水平有限，书中不乏疏漏不妥之处，望广大读者给予批评和指正。

目 录

第一章　健美操概述 ……………………………………………………… 1
第一节　健美操的基础知识 …………………………………………… 1
第二节　健美操运动的发展简况 ……………………………………… 11

第二章　高校健美操基本理论 …………………………………………… 16
第一节　健美操运动的生理学基础 …………………………………… 16
第二节　健美操运动的心理学基础 …………………………………… 30

第三章　高校健美操运动 ………………………………………………… 36
第一节　高校健美操运动的发展概况 ………………………………… 36
第二节　高校健美操与相关学科的基础研究 ………………………… 42
第三节　健美操在高校开展的意义 …………………………………… 58

第四章　健美操运动的教育思想 ………………………………………… 61
第一节　科学教育思想 ………………………………………………… 61
第二节　美学教育思想 ………………………………………………… 65
第三节　创新教育思想 ………………………………………………… 81
第四节　全民教育思想 ………………………………………………… 84
第五节　终身教育思想 ………………………………………………… 88

第五章　高校健美操教学可持续发展之素质教学 ……………………… 94
第一节　素质教育思想详解 …………………………………………… 94
第二节　健美操运动教学基础知识 …………………………………… 102

第六章　新形势下高校健美操创编实践 ……………………… 111
　　第一节　高校健身健美操的创编 ……………………………… 111
　　第二节　高校竞技健美操的创编 ……………………………… 124
　　第三节　高校健美操竞赛的组织方法 ………………………… 136

第七章　高校健身健美操的实践创新 ……………………… 140
　　第一节　高校健身健美操的价值与原则 ……………………… 140
　　第二节　高校健身健美操的实践创新 ………………………… 158

第八章　高校竞技健美操的实践创新 ……………………… 172
　　第一节　高校竞技健美操训练 ………………………………… 172
　　第二节　高校竞技健美操创新训练 …………………………… 190
　　第三节　高校竞技健美操实践创新 …………………………… 202

参考文献 …………………………………………………………… 205

第一章 健美操概述

第一节 健美操的基础知识

一、健美操运动的分类与基本特征

（一）健美操运动的分类

根据目的任务，健美操可划分为健身性健美操、表演性健美操和竞技性健美操三大类。

1. 健身健美操

健身性健美操主要以健身、健美、健心为目的，在编排上体现出较大的随意性，时间可长可短，不受场地和器械设备的限制，重在锻炼价值。其练习形式可分为热身部分、有氧练习部分、形体练习和放松部分等几大块。成套动作一般是从头颈、四肢、全身、跳跃、放松等练习顺序来进行编排的。活动的顺序是从身体的远端开始，逐渐过渡到躯干部位。其运动强度和难度相对较低，重复次数多，动作对称，活泼流畅，讲究实效，有针对性，节奏感强，使练习者锻炼后轻松自如，从而提高身体的工作能力，达到再现自我的效果。这类健美操适合社会各阶层和各年龄阶段的人，是一项很好的体育休闲、娱乐健身活动。

健身性健美操根据不同的需要，从不同的角度，按不同的特征又可分为许多种类。

第一，按人体解剖部位区分，有颈部健美操、肩部健美操、手臂健美操、胸部健美操、腰腹部健美操、微部健美操、腿部健美操等。这类操是对人体某个部位去进行有针对性的锻炼。

第二，按年龄区分，有老年健美操、中年健美操、青年健美操、少儿健美操、幼儿健美操等。这类操是根据人在不同年龄阶段的不同生理、心理、体态、体能等特征和锻炼需要所创编的。

第三，按目的任务区分，有姿态健美操、形体健美操、节奏操和减肥操等。这类操主要是为突出某种锻炼目的而创编的。

第四，按练习形式区分，有徒手健美操、持轻器械健美操、专门器械健美操等。这类操中徒手健美操最为常见。手持轻器械健美操中常用的器械有哑铃、球、橡皮带、棍等。专门器械健美操中常用的器械有踏板、圆盘、体操垫、健身器等。

第五，按性别区分，有男子健美操和女子健美操。

第六，按人数区分，有单人、双人、三人、六人和集体健美操。集体健美操多在表演和比赛时会采用，其中除了包括平时锻炼的动作外，往往增加一些动作组合和队列、队形的变化，以反映练习者平时锻炼的情景。

第七，按动作特色区分，有瑜伽健美操、迪斯科健美操、武术健美操、仿生健美操等。

2.竞技健美操

竞技健美操是运动员在音乐伴奏下，通过难度动作的完美完成，以展示运动员连续表演复杂和高强度动作的能力。竞技健美操起源于传统的健美操，是在传统健美操的基础上发展起来的。竞技健美操以成套动作为表现形式，必须展示连续的动作组合、柔韧性、力量与七种基本步伐的综合使用，并结合难度动作的完美完成。竞技健美操的主要目的就是"竞赛、取胜"，因此在动作的设计上更加多样化，并严格避免重复动作和对称性动作。

竞技健美操可按比赛的规模、项目、参赛年龄进行不同的分类。

（1）按比赛的规模分类

①国际比赛

目前，国际上规模较大的竞技健美操比赛有国际体操联合会（FIG）组织的"健美操世界锦标赛"；国际健美操冠军联合会（ANAC）组织的"国际健美操冠军赛";国际健美操联合会（IAF）组织的"健美操世界杯赛"。

②国内比赛

我国正式的竞技健美操比赛有"全国健美操锦标赛""全国健美操冠军赛""全国大学生健美比赛""全国体育大会健美操比赛"以及非正式的通级赛和各省市的比赛。

（2）按比赛项目分类

竞技健美操比赛的项目有：男子单人操、女子单人操、混合双人操、三人操（性别任意搭配）、六人操，共五个传统项目。

（3）按参赛年龄分类

竞技健美操按参赛年龄分为成年组和少年组两个级别。运动员年满18周岁即可参加成年组比赛，少年组比赛在成套难度动作的选择上有所限制。

3. 表演健美操

随着世界健美操运动的快速发展，人们对健美操的认知也逐渐加深，在原本健身性健美操和竞技性健美操的分类基础上，又分出了一种社会性很强的表演性健美操。它融合了现代舞、爵士舞、艺术体操等艺术形式的特点，经过技术性的处理与创编，动作简单易学，形式活泼多变，造型美观，富有激情和表现力，在音乐的伴随衬托下，编排出一幅动感活泼的画面，展现表演者的刚强、自信和健美形态的同时，也能让欣赏者感受到美的体验。近年来，随着健美操运动在我国的快速普及与发展，表演性健美操因其审美价值在文艺节目、许多的社会活动和大型赛事上频频出现，不仅让更多人群认识了健美操运动，同时也促进了健美操运动的发展。

（二）健美操运动的基本特征

1. 健身性健美操的特点

（1）保持有氧代谢过程

健身性健美操的动作及套路设计，都是以保证健身者在运动过程中能够最大限度地摄入氧气并充分利用氧化来燃烧体内的脂肪、突出燃烧脂肪作为能量供给为前提的，以此实现加快体内新陈代谢，重新建立人体更高机能水平的目的。在有氧运动中，呼吸系统、心血管系统及大脑中枢神经都得到良好的锻炼，特别是对于肥胖体形的人们来说,在消除体内多余脂肪、调节脂肪静态平衡、保持健康、增强体质等方面具有良好的效果。

(2) 广泛的适应性

健身性健美操练习形式多样,多以徒手进行锻炼,不受场地、环境、气候等条件的影响,无论是公园、厅堂、家里等地方,都能很好地进行锻炼;同时,健美操也可借助于轻器械进行锻炼,如:哑铃、踏板、橡皮筋、健身球等,所产生的锻炼效果是显著的。

健身性健美操既可以在舞台上表演,也可以在大小聚会中娱乐。对一般人可选择低强度的有氧练习,达到锻炼身体、娱乐身心、保持健康的目的;而对具有较好身体素质并有意进一步提高训练水平的年轻人来说,则可选择难度较高、运动量较大的竞技健美操作为练习的手段,满足其进取心要求。

(3) 注重个体差异

健身性健美操以其生动活泼、轻松自如、随心所欲的运动形式早已被大众接受。健身性健美操的动作套路形式多样化,节奏有快有慢。套路有长有短,动作有难有易,运动量和运动强度的大小可任意调节,适合于不同阶层、不同行业、不同年龄、不同性别、不同体质的人们锻炼,各种人群都能从健美操练习中找到适合自己的方式,都能从健美操练习中得到相关乐趣。

(4) 健身的安全性

健身性健美操所设计的运动负荷及运动节奏,充分考虑了由运动而产生一系列刺激结果的可行性,使之适合一般人的体质,甚至弱体质的人都能承受的有氧范围。人们在平坦的地面上,在欢快的音乐声中,跟随快慢有序的节奏进行运动,十分安全,而且有效。

2. 竞技性健美操的特点

(1) 动作特点

竞技健美操的动作必须设计成操的动作结构,有明显影响身体某一部位的目的性。强身健体是竞技健美操的主要功效性之一,在动作设计时应遵守符合强身健体和人体艺术造型的规律。在编排动作时,不但要考虑到对身体各个部位的影响与发展力量、柔韧、协调、灵敏以及持久耐力等各种素质的练习,而且还应在运动形态上有舞蹈造型美、外形美、力量美的特点。

（2）编排特点

遵循竞技健美操的结构，一套完整的竞技健美操有其自身的结构，编排时要注意层次，起伏对比，扬长避短，时刻配合着音乐风格。开始部分可称为凤头，编排得别致新颖，才能引人入胜。一套竞技健美操必须要有高潮，才能使整套操有起伏对比的效果。高潮就是动作激烈，动作速度快、幅度大、节奏强、力度强劲，使人目不暇接的联合动作。这串动作最能激发情感，运动负荷也是全套动作的最高水平。一套竞技健美操可以有一或两个高潮。有的成套动作在高潮中戛然而止，形成静止造型状态，即可收到较好的表演效果。

（3）音乐特点

音乐快慢与健身价值有很大关系，节奏快，运动量大，生理负荷也就大，运动员消耗的能量也大，对运动员身体素质要求更全面。节奏快慢还与动作的激情、动作的气氛有很大关系。据统计，竞技健美操音乐速度多在每10秒钟26至30拍之间，而健身健美操音乐速度多在每10秒钟20至26拍之间，说明竞技健美操比健身健美操速度快，更具有激情和感染力，对运动员素质要求也更高。音乐节奏的快慢和强弱，音调的优美和谐，直接关系到动作节奏的快慢、幅度的大小、动作的高低起伏及运动负荷的大小等。我们应尽量使音乐节奏与动作的进行相吻合。

（4）运动员体型特点

健美操是健与美的结合，竞技健美操更是健、力、美的体现，因此，运动员的体型有其项目本身特殊的要求。男子应显示肌肉，身高适中，身材匀称。女子应显示有力度的丰满健壮，具有时代美，如结实、粗壮、有女性特有的线条美。那种体操型、艺术体操型、舞蹈型身材都符合此项目特点。一名优秀的竞技健美操运动员只练操是远远不够的，还应加强力量性练习，使体型有力度且具有线条美。而在混双、混六项目中，还要考虑到男女运动员身材比例是否协调，如果男女运动员身材差别太大，则会影响整体效果，也会影响一些配合动作的完成。

3. 表演性健美操的特点

（1）观赏性

表演性健美操，顾名思义就是以表演为主的一种健美操形式，可供人们观赏。它融入了许多经过改编的舞蹈动作，又伴有强而有力的音乐衬托，给人们一种赏心悦目的新感觉。而且，它不同于竞技性健美操和健身性健美操，它在难度和表演内容上不受规则的限制，使编排者可以根据表演者的自身特点编排动作，自由发挥，从而达到吸引观众眼球的效果。

在健美操运动项目中，最重要的则是动作与音乐这两个组成部分，它们是不可分割的统一整体。健美操是在音乐伴奏下进行的，音乐为健美操动作提供了最基本的节奏，使健美操动作按照有规律的节拍，以一定的韵律进行。两者之间相互配合，不可分离。而在表演性健美操中，音乐则是它的灵魂，是它的强化剂，音乐对于突出表演性健美操的风格、特点、渲染其气氛，增强其艺术感起着极其重要的作用。在音乐欢快的气氛中，充分显示出了青春的活力和朝气蓬勃的精神面貌。健美操运动与音乐的强烈的节奏性使健美操更具有感染力、健美操比赛和表演更具有观赏性。

在观赏健美操表演的同时，观赏者不仅对表演者那富有优美线条的形体有着深刻的印象，那节奏鲜明的音乐还会使他们振奋起来，随之会带来轻松愉快的情绪，而且其中也会有美的感受。而在表演性健美操中穿插的难度动作更会使观赏者在欣赏的过程中为之惊讶，使观赏者对健美操有更深的喜爱。健美操表演者随着音乐翩翩起舞，那舞姿的优美、协调，动作的灵活和反应的灵敏以及表演的喜悦，都给人以美的情感体验，人们能从中分享其美的欢悦，就像自己安身于其中，与表演者进行了情感上的沟通，沉浸在美的享受中。当健美操表演者在场地上快速多变地跃动时，人们还可以从中体味到青春的活力，使他们极想融入其中。

（2）艺术性

健美操是一项艺术性很强的新型运动，无论是表演还是比赛，因为有难度、有变化，极富可视性和趣味性。健美操运动有三个显著的特点：高度的艺术性、强力的节奏性和广泛的适应性。而表演性健美操则把健美操的名术性完美地表现了出来。表演性健美操独特新颖的编排，与众不同的音乐选配，充满活力、动力、趣味和快乐的外在表现，都表现了我们这一代人对"美"的重新认识，具有特殊的艺术感染力。表演性健美操具有动作美、路线美、韵律节奏美、音乐美和环境美等的特点，它不仅使人们得到审美的享受，也使人们追求美的天性得以得到满足。表演性健美操的动作，是由各种类型的动作有序地编排、巧妙地组合而成的。群体的配合，位置队形的变化，配之以强而快的乐曲节奏，构成一幅刚健、优美、丰富多彩的动态画面，给人美感。这也使表演者在表演时，切身体验到了表演性健美操以其鲜明节奏、动作力度和幅度所带来的美感，满足了自己对美的表现欲望，也让人们感受到美的享受。

在以前的各种艺术表演中，歌舞节目占有很大的空间。但随着健美操运动的发展以及人们对健美操运动的认识和了解，大家已经不再满足于只欣赏音乐舒缓的歌舞表演。随着生活节奏的不断加快，人们需要欣赏的也是一些节奏感非常强的艺术表演。而表演性健美操则满足了人们的这一需求。表演性健美操是建筑艺术，具有立体感；它也是舞蹈艺术，是人体动作的精华；它又是绘画艺术，直观性、具体性很强；它还是音乐艺术，凭借声音来塑造形象；它更是运动艺术，最大限度克服心理障碍，挖掘身体潜能。表演性健美操是各种艺术并存，是美的荟萃，可以适应人们不同的审美需要，也能满足人们快节奏的需求，更能满足人们多样化的艺术享受。

（3）社交性

从体育社会学分析，健美操是体育文化的重要内容之一，是一种特殊的社会文化活动，这就为学校提供了社会规范教育场所和实践社会的机会。在健美操专项学生们参与和尝试"社会角色"的过程中，学习到了作为社会个体所需要的行为能力、行为方式、行为准则和行为规范等，同时也促进了体育文化的传播与发展。就社会发展而言，健美操将作为社会和经济发展的一个组成部分，坚持为地方经济和社会发展服务的正确方向，推动本地区社会经济的快速发展。

而当表演性健美操在社会上广泛蔓延时，这不仅推动了学校健美操项目的开展，同时也在很大程度上反映了学校的整体面貌和学生的精神面貌，直接反映了学校的整体教学质量。在社会交往方面，进行多次的健美操表演，既给学生提供了锻炼的实践机会，使他们能够广泛接触社会，向社会展示他们的能力，体现自身价值，又为学校做了广告宣传，扩大了学校在社会中的影响，取得了良好的社会效益。在人们观赏表演性健美操的同时，也会被健美操运动的"健、力、美"感染，从而积极地参与到健美操这项运动中来。这样不仅有利于在社区里开展一些健美操的运动，也会促进健身俱乐部的发展，并推动社会经济的发展。

二、健美操运动的价值

价值是人们对物质、文化的一种需要，价值的产生是物质、文化自身所固有的功能决定的。功能的多少，作用的大小，决定了人们的需要程度。"体育价值观是体育行为的杠杆"，健美操是一种特殊的社会现象，是体育运动的一部分。它的兴起和发展深受广大群众的喜爱，是人们在健美操运动实践中受益巨大而产生的价值观，对于指导健美操运动的教学、训练都具有重要意义。

（一）体育学价值

健美操运动能有效地促进人体的全面发展。体育学是研究人的身体全面发展的一般规律的综合性学科。作为体育运动的基本内容和实现体育目的的手段与方法的健美操，是体育文化系统中新生事物，是体育学研究的对象。当前社会已经步入了科学化、自动化、信息化时代，人们的劳动量将减少，工作时间缩短，休闲时间增多，丰富多样的体育活动，必然就成为人们提高生活质量、满足自我需要的高级精神享受和追求。随着社会的不断发展进步，人们对体育的内容、手段和方法，提出了多样化的要求，使人们在娱乐中运动，达到更好的完善自身，改造自我，适应社会需要的目的。

健美操在我国的兴起与蓬勃发展的实践证明，它是实现体育基本目的、使身体得到全面发展的基本手段，是人们十分喜爱的体育项目。由于健美操运动对场地器材要求不严，内容丰富多样，男、女、老、少皆宜，能使参加者产生浓厚的兴趣，易于开展。

健美操运动有明显的教育作用。从形式上健美操可个体练习，但更多的依然是群体练习，在运动过程中要求参加者相互配合，整齐划一可以培养热爱群体的集体主义精神。健美操是快节奏的运动，要求 10 秒钟内完成 28 拍左右的动作，在 2~3 分钟内完成一套动作；身体负荷大，每分钟脉搏可达 180~230 次。长期在要求高、运动量大的情况下练习，能养成吃苦耐劳、勇敢顽强的进取精神。这对培养跨世纪的人才，适应快节奏的生活、学习与工作很有好处。

健美操运动过程中能创造美。健美操艺术性要求很高，融入体美、动作美、音乐美为一体，参加者在活动中可以创造美、欣赏美，从中获得美的享受。

健美操由于具有体育学价值而受到重视并迅速开展，我国已把健美操列入全国单项比赛项目当中，全国大学生和全国工人运动会已把它列为正式比赛项目。可以预言，健美操运动必将在我国更快、更好地得到发展。

（二）运动学价值

运动是体育的核心。运动学是体育科学中的一门综合性学科。研究对象是人体运动的一般规律，把运动知识系统化、理论化，更好地指导体育运动实践，实现体育的目的。

健美操是运动学的内容之一。健美操运动遵循了人体运动的一般规律，形成了具有独特风格的运动形式，丰富了人体运动的内容，是强身健体的有效手段和可靠方法。健美操动作是以人体肌肉活动特有的运动形式产生的负荷，作用于人体，使肌纤维变粗，肌肉发达；同时刺激内脏器官，促进呼吸、循环、消化、神经等系统机能的提高，满足肌肉负荷后的需要，维持整个有机体在新的情况下达到新的平衡。由于肌肉的不断发达，内脏器官功能不断提高，从而不断挖掘机体内部潜力，以达到更快、更高、更强、更难、更新的运动目的，实现勇敢顽强、不断进取的运动精神。由于健美操具有明显的运动学价值，故而其赢得了群众的喜爱，是当代社会中喜闻乐见的体育运动项目。

（三）美学价值

健美操是综合性、艺术性很强的体育运动项目，融体操、舞蹈、音乐为一体，具有丰富的美学内容。健美操为人们创造大量的审美客体。人体是最美的艺术品，千姿百态，是人们对自身长期追求完善的结果。美存在于人的一切活动中。在健美操运动过程中，存在着大量美。通过健美操活动，可使人体外形变得更加匀称和谐，体态更加刚健、优美，动作有力而柔软，富有力度感，实现自我美的愿望，成为他人的审美客体。健美操创造着审美主体。健美操动作是由各种类型的难度动作有序地编排、巧妙地组合而成。群体的配合，位置队形的变化，配之以强而快的乐曲节奏，构成一幅刚健、优美、丰富多彩的动态画面，给人欣赏；并把自己看到的形态美、姿态美、动作美、服饰美和听到的音乐美结合起来，在情感上进行调整梳理，从而得到美的享受。

健美操创造审美能力。对美的享受、美的领略、美的捕捉，离不开审美客体，同时还取决于主体是否具有审美能力。一个人审美能力除了与社会条件、经济地位、文化素质有关外，还受着自我身体条件的限制。参加健美操运动，人们改变着自我的形体、姿态等身体条件，并在健美操优美动作的影响下，不断地进行着提高感知、情感、想象、理解等审美活动，提高审美能力。

（四）心理学价值

健美操是一项全身的、大运动量、快节奏的娱乐运动，对参加者的身心很有好处，有明显的心理学价值。健美操是强身健体调节心理平衡的运动。这种由走、跑、跳等基本动作、难度动作和操化了的其他动作组合编排而成的全身活泼运动，不仅能够促进直接参与活动的肌肉和力量的发展，并且也能促进内脏器官和神经系统机能的提高。神经系统是肌肉活动的指挥中枢，内脏器官是肌肉活动的保障系统。人体运动是在神经系统支配协调下进行的。健美操是多种类型动作有序地不间断地运动，必然伴有大量的认知心理活动，可使参加者知觉敏锐，观察准确，记忆、判断能力得到一定的发展。

健美操运动形成的喜悦氛围。由于健美操运动可使形体更加匀称协调（这在日常生活中是不能实现的），从而使参加者产生喜悦心情，爱美之心得到满足，生活更加美满。健美操是快节奏力度感很强的运动，能使人的情绪激昂，兴高采烈，对学习、工作更有信心。

健美操运动具有调整人际关系的作用。由于健美操是一种群体运动，在集体场所进行，能使参加者体验到个人与集体的关系，把"我"置于"我们"之中，起到协调人与人之间关系的作用。因此，在健美操活动过程中要以心理活动规律为依据，正确认识和解决在活动中出现的心理现象及其所反映的问题，使运动心理学的研究内容能够更加丰富。

（五）生理学价值

运动生理学是一门研究人体对运动的反映和适应的学科。健美操是一项快节奏大负荷运动，对人体产生一系列作用和影响。这种影响不仅对参加运动的人的肌肉、骨骼有提高功能的作用，而且使呼吸、循环等内脏器官和神经系统在肌肉运动的刺激下获得正常生长和充分发展。因此运动生理学与健美操运动密切相关，并给健美操运动提供一定的理论基础。

在健美操运动过程中要以运动生理学为理论基础，结合健美操的运动特点、以人体运动技能形成规律为指导，在实践过程中发现问题、解决问题，以丰富运动生理学研究内容，促进健美操进一步向科学化发展。综上所述，健美操是多功能、高价值，人们喜爱的体育运动项目。它易于开展，是落实"全民健身计划"纲要的好形式、好内容，适宜在各类学校、机关、企事业团体中开展。

第二节 健美操运动的发展简况

一、国际健美操发展

（一）项目起源

　　竞技健美操源于大众健美操，其后伴随各国际组织的建立，制定相应的竞赛规则，举办各种规模的国际赛事，使之迅速超越大众健美操范畴，不断向人体极限进行挑战，逐步发展成为以竞赛为目的的竞技健美操。从1980年发展的竞技健美操，一开始就以它的挑战性和刺激性深深地吸引了人们的注意力，并且得到了运动员们的尊重。1990年，在美国和日本分别主办了健美操世界冠军赛和健美操世界杯赛，意味着竞技健美操作为一个新兴竞赛项目，已经正式登上国际赛台。1995年12月国际体联在法国举办了首届世界健美操锦标赛，预示着竞技健美操加入奥运大家族已指日可待。

（二）国际组织

　　目前国际上主要有三大组织规划、展开着世界范围内的健美操赛事与活动。它们之间既有各自独立的管辖与职权，同时又有共同的合作与分工。

　　三大组织共同达成一项合作协议：我们开始制定一项健美操世界巡回赛方案和健美操运动员世界排名方法，我们正在努力工作，进一步提高FIG评分规则以尊重健美操特征。为了这个目标我们已经成立了合作工作组，保证世界范围内健美操运动的顺利开展，积极探索，以使竞技健美操运动有一天能够得到奥林匹克的承认。

　　国际体操联合会（FIG）是1881年成立的世界第一个单项体育联合会，在1994年第69届国际体联代表大会上决定，将竞技健美操引入FIG所属项目，并相继颁布了竞赛规则，主办健美操世界锦标赛，它凭借自己的资格、组织机构、赛事影响与规模、水平等优势条件，准备将健美操推向奥运会。由于FIG是已经得到国际奥委会和国际体育单项联合会承认的国际组织，健美操可作为该组织所设立的一个竞赛项目进入奥运会，IAF和ANAC也纷纷助力，扩大其组织范围与赛事规模。国际体操联合会（FIG）是国际奥委会承认的竞技健美操组织。从20世纪中期开始，国际体育单项联合会（GAISF）和国际运动委员会（IWGA）就已经在它的体操类运动中设有并发展这一项目。

（三）规则演变

由于三大国际健美操组织在洛杉矶会议达成共识后，开始修正共同的健美操竞赛规则，使之更加维护健美操独一无二的项目特征，确保竞技健美操作为一个独立的竞赛项目，按照其自身的竞技特色来进行发展，争取早日进入奥运会。

早期的国际赛事设立了4个单项：男单（IM）、女单（IW）、混双（MP）和三人（TR）。2002年由巴西健美操协会提议，国际体联技委会审定，国际体联执委会批准通过的集体六人操项目（GR）正式列入了世界锦标赛，初步确立了健美操运动国际赛事的立项工作。

FIG竞技健美操的规则演进主要体现在维护项目特色、提倡独创套路、突出操化动作的艺术价值、减少难度动作数量、提高成套动作的完成规格上。其发展的主要目标是早日进入奥运会。

（四）技术发展

1. 竞技健美操成套动作的设计是各参赛国家之间的智慧较量与文化的交流

国际竞技健美操比赛不单单是一种体能和技艺的对抗，更是各参赛国家之间展开的一场智慧的角逐，其中渗透出不同国家、不同地域的不同文化。也就是说，世界范围内的竞技健美操竞赛，实际上是各个国家通过依据统一的竞赛规则编排设计出成套动作的特殊形式，来进行着健美操领域内的世界文化的传播与交流。这种形式是相对稳定的，只有对编排设计认识到这一高度上，才可能编排出精品。

2. 难度动作是竞技项群类所有竞赛项目中运动训练的重点、比赛获胜的关键

竞技健美操作为一个独立的运动项目在其发展过程中自始至终保持着鲜明独特的项目特色与动作风格。难度动作是健美操运动员体能与技艺的表现，是健美操成套内容的组成部分。但竞技健美操竞赛着眼于运动员在音乐伴奏下，完成多种复杂动作组合的过程中，保持整个身体的标准姿态能力。

难度动作的完成质量取决于运动员所具备的完成该动作的身体素质能力和所掌握的完成该动作的正确技术要领。对于成套动作中所采用的难度动作，应当力求完成的完美度，因此要求运动员具备与完成该难度动作相符的身体素质。任何与完美完成的偏差都将予以减分。

3. 提高成套动作的完成质量系统的概念与分类

提高成套动作的完成质量系统，是指一个将成套选用的音乐、成套动作的完成以及运动员的表现有机地结合起来进行训练的，以不断进行系统内的有序分化、增加和累积成套动作的完成质量系统信息量为组合目标。换句话说，提高成套动作完成质量的过程，是一个增加系统信息量的过程，即是一个完善成套动作的有序程度过程。该系统包括成套音乐系统、动作完成系统和运动员表现系统。竞技健美操技术所涉及的主要是完成动作系统和运动员表现系统。以最少的体力和时间完成最精确的动作。竞技健美操动作完成系统的有序化过程，是通过动作完成的姿态、动作完成的准确性、动作完成的强度和集体项目中的一致性来共同实现的。

（五）国际规模

目前而言，FIG 在全世界范围内开展健美操项目的会员国有 70 个，五大洲的分布如下：欧洲 33 个、亚洲 16 个、拉丁美洲 11 个、非洲 8 个、大洋洲 2 个。除了由国际体联主办的世界锦标赛每偶数年举办一次、世界杯赛每年 4~6 次外，各大洲的洲际委员会在国际赛事的组织和设项上也各显神通。

在各类由国际组织举办的综合性世界运动会中，健美操项目也身影雀跃，尽显风采。

FIG 在以政治外交为指导下的项目发展模式推进的同时，健美操自身也逐步意识到不能因循守旧地按照体操的专业技术发展为唯一的方向，健美操来源于团队健身运动，如果忽视了普及和受众人群，这条技术发展之路会越走越窄。由国际体联健美操技术委员会 AER-TC 提案、世界大学生联合委员会 FISU 审定的 8~10 人的 IT 氧舞蹈和有领踏板两个来源于传统有领健身、又深受大学生喜欢的以展示队表演为参赛形式的新项目，正式立项，同时也明确了国际健美操项目普及与提高齐头并进、比翼双飞的发展方向。

二、我国健美操发展

（一）我国健美操的阶段历程

健美操运动进入中国是在 20 世纪 80 年代中期，随着国际健身热潮的兴起。由于健美操运动的时尚性和国际性特征，在国内的发展经历了自发组织、国际接轨和专业指导 3 个阶段。中国健美操协会也随着国际发展形势的需要，国家体育总局内部由社会体育指导中心调整到体操运动管理中心管辖。影星简·方达通过将自己创编的健身课程以家庭录影带方式对全球进行发行，这项时尚的运动也随着电视的家庭化普及率提高，以电视节目的形式成为中国时尚先锋的一项潮元素。随着北京体育学院健美操研究中心的成立，首届"长城杯"全国健美操锦标赛的举办，健美操运动不断地与传统健身和规范指导相碰撞，一时间各种以健身操、健美操为主题词的运动形式、培训活动和竞赛组织都如雨后春笋般地悄然兴起。

中国健美操协会为在全国开展国际竞技健美操裁判员与教练员的培训，首次聘请我国专家讲学。中国的竞技健美操要想走向世界，就必须以国际的评判标准来引导国内的发展。中国的竞技健美操与世界接轨阶段也就是一个国际标准化的过程。

（二）全国赛事的发展规模和专业程度

中国健美操协会在狠抓队伍建设、确立国际地位的同时，加强规范了全国范围内的竞赛培训和项目管理工作。首次推出了《健美操运动员技术等级标准规定动作》，并在全国锦标赛中设立了青少年项目组别；专设以全国行政区域为限定的全国青少年锦标赛；近年至今进一步完善了全国联赛管理制度、裁判员管理制度、全国联赛积分管理办法和全国联赛备案管理条例等一系列举措。

目前健美操在我国的开展势头越来越猛，已经成为大、中、小学喜爱的体育项目之一。健美操运动在中小学的蓬勃兴起，不仅推动了全民健身运动的深入开展，也为竞技健美操后备力量的培养走出了一条希望之路。

中国健美操协会本着在中心指导、大胆开创、自主研发、行为规范的理念，建立了专以竞赛服务为目的的健美操竞赛网和得到国际体联认可和好评的

CHINA TIMING 健美操赛事管理系统。

中国健美操竞赛网，是集健美操赛事新闻发布、赛事报名、成绩公布、学术交流等功能于一身的健美操赛事综合性网站。

CHINA TIMING 健美操赛事管理系统是专为健美操项目研发的一款集裁判评分、比赛控制、录像监控、裁判评估和成绩公告的专业竞赛智能系统。本系统通过专业的数据录入、分析与分发，为裁判员、教练员运动员展示专业的评分数据界面，为电视转播和综合性比赛的成绩合成，提供了专业匹配的数据接口和比赛信息。目前主要包括5组应用模块，即裁判评分系统、比赛控制系统、录像监控系统、成绩公告系统和环境维护系统。

目前健美操除了每年延续着单项联赛、锦标赛和冠军赛的赛事管理运行体系，同时也是全国体育大会、全国大学生运动会和全国中学生运动会的常设项目。与此同时，中国健美操协会继续加强与教育部、全国妇联等其他部门单位的横向联系，展示着健美操运动独特的项目魅力，扩大健美操运动的社会影响力。

健美操，这项集音乐、舞蹈、体操于一体，以健康、美丽、快乐为享受的运动，与传统的健身方法一起融合，形成了一种时尚、雅俗共赏的健身文化。

第二章　高校健美操基本理论

在对高校健美操进行理论研究时，其相关的理论基础研究是必不可少的一部分。高校健美操的相关理论基础包括生理学基础、心理学基础、解剖学基础。本章将对其进行详细的介绍。

第一节　健美操运动的生理学基础

一、健美操运动的物质代谢

在健美操运动中，活动的主体是人。人体的能量来源就是通过摄入体内的糖、脂肪、蛋白质、维生素、无机盐、水等物质的代谢。物质代谢是合成代谢和分解代谢两个相互联系的过程。健美操运动的物质代谢主要包括糖代谢、脂肪代谢、水盐代谢和蛋白质代谢。

（一）糖代谢

为了更好地了解健美操运动的糖代谢，就必须要了解糖对人体的作用和在体内的代谢过程。糖是人体组织细胞的重要组成成分，也是运动者所需能量的重要来源，对人体有着重要的作用。人体每天所需大约70%的能量是由体内的糖提供，并且与脂肪和蛋白质相比，糖在氧化时需氧较少，所以是在肌肉和脑细胞活动过程中首选的功能物质，同时也是最经济的功能物质。健美操运动的负荷不同，糖在体内的代谢也不同。在通常情况下，糖在体内除了供应人体所需要的能源外，还可以转化为蛋白质和脂肪。

1. 糖在人体内的代谢过程

首先，在消化酶的作用下，体内的糖质转变为可以被吸收的葡萄糖分子；

然后，葡萄糖分子经小肠黏膜的上皮细胞葡萄糖运载蛋白转运进入血液，成为血糖。血糖能合成糖原，成为大分子的糖。在肝脏中合成并储存的被称为肝糖原，在肌肉中合成并储存的称为肌糖原。肝脏将体内乳酸、丙敏酸、甘油等非糖质物质合成为葡萄糖或糖原是糖的异生作用。糖的合成代谢便是合成糖原和糖异生的过程。糖原和葡萄糖通过糖酵解、有氧氧化、戊糖磷酸和乙醛酸途径等生成乳酸，乳酸通过糖异作用生成葡萄糖或氧化分解，这就是整个糖分解被利用的过程。

2. 健美操运动对血糖的影响

在安静状态下，正常人的血糖浓度的变化范围在 3.9~5.9 毫摩尔/升，经常进行健美操运动者与正常人没有区别。长时间进行健美操运动可引起血糖水平下降，运动者会出现运动能力下降的现象。对从事不同类别的健美操训练时血糖浓度的变化进行研究，结果表明，在不同类别的健美操训练中，血糖浓度的变化趋势是有区别的。

不同类别的健美操训练前后产生不同的血糖浓度变化的主要原因是训练内容和训练强度的不同，以及因此而引起的神经系统兴奋性的不同造成的。竞技健美操是所有健美操中能够引起兴奋性最高、强度最大的项目，运动期间促进了肝糖原的分解，但是竞技健美操运动用时较短，消耗的葡萄糖量比肝糖原分解的量少，因此血糖水平会比运动前而有所升高。

3. 补糖对健美操运动的影响

在健美操中尤其是竞技健美操，运动强度和运动量都很大，能量消耗较多，所以如果想要大大提高运动效果，就必须在运动前和运动过程中科学合理地补糖。研究表明，在运动前的服糖时间对运动中的血糖水平变化有很大的影响。一般在运动前半小时或两小时内服糖效果较好，因为这种服糖方式，在运动开始前补充进入人体内的糖可以直接随血液运送到肌肉组织或者已完成糖原的合成转化过程，在训练开始后，肌、肝糖原被动员进入血糖供给需要，可以保持较高的血糖水平。

在开始运动前的一个小时最好不要进行补糖，因为那个时候补糖，血糖会迅速升高，引起胰岛素反应，大量分泌胰岛素，从而降低运动能力，甚至会出现运动性低血糖等不良的训练效果。

在运动过程中，最佳的补糖时间是每半小时补一次，因为低浓度的饮料可促进渗透吸收，并且胃在短时间内只能排空少量的液体，而高浓度的饮料则会延长胃排空的时间，影响运动效果，对糖的吸收也会产生不利影响。

（二）脂肪代谢

脂肪是以有氧代谢为主的训练中的主要能源物质，大部分储存在皮下结缔组织、内脏器官周围、肠系膜等部位。身体内脂肪的储存也会随着新陈代谢进行不断地更新。一般脂肪占体重的10%~20%，肥胖者可达40%~50%。人体脂肪的主要来源是从食物中获得，主要是动物脂肪和植物油，也可以在体内由糖或蛋白质转变而成。脂肪除了是含能量最多的物质外，还可以起到保护器官、减少摩擦和防止体温散失等作用。健美操本身对人体脂肪的含量要求较高，因此全面了解脂肪的代谢过程才能更好地进行健美操运动。

1.脂肪在人体内的代谢过程

脂肪具有疏水性，它借助机体自身以及机体摄入的各种乳化剂形成乳浊液，在机体的水环境中被酶解。脂肪形成甘油、游离脂肪酸和单酰甘油，以及少量的二酰甘油和未经消化的三酰甘油。然后，脂肪通过小肠上皮细胞直接吞饮脂肪微粒或脂肪微粒的各种成分进入小肠上皮细胞形成乳糜微粒被吸收。乳糜微粒和分子较大的脂肪酸进入淋巴管当中，甘油和分子较小的脂肪酸溶于水，扩散进毛细血管。脂肪进一步分解成二碳单位，最终生成二氧化碳和水。

2.健美操运动中的脂肪代谢

在健美操运动过程中，经研究得出，只有在长时间的有氧运动时才能动员脂肪供能，运动时间越长，脂肪的功能比例就会越大。健美操运动作为一种有氧运动，可以提高机体氧化利用脂肪酸供给能力，长期运动可以改善血脂升高，降低血浆中 LDL 含量，增加血浆中 HDL 的含量，长期坚持还可以减少体脂的积累，有效改善身体的成分，具有减肥、健美的功能。

（三）水、盐代谢

1.水代谢对健美操运动中人体的影响和作用

水作为人体内最重要的组成成分，在人体组织中含量最多。在成人体内水的含量占到体重的65%左右，而在婴儿体内含水量达到体重的80%左右。人体内的水分布于各种器官组织及体液中。水的代谢有很重要的生理意义，有维持体温的作用。水的比热容高，温度不易改变，所以当进行健美操运动时，体内产热量的增多或减少都会引起体温的显著变动。水的蒸发热高，所以蒸发少量的汗就能消耗大量的热，能够迅速帮助机体排出多余的热量，保持内环境温度的稳定。

2. 无机盐代谢对健美操运动中人体的影响和作用

无机盐是组成细胞组织的成分，具有维持渗透压、维持血液的酸度等多种功能。健美操运动时，最好不要一次性饮入大量水，这样会导致血液稀释、血量增加，而增加心脏的负担。此外，大量的水进入胃中，会超过机体的呼吸收速度，储留的水会稀释胃液，影响消化。若大量饮水后继续运动，水在胃中晃动，则会引起呕吐或不适感。所以，在健美操运动时，饮水要遵循"少量、多次"的原则。一般在开始运动前 10~15 分钟可饮 400~600 毫升水，以增加体内水的临时储备，而运动中也可每 15~20 分钟饮 100~150 毫升水，这样可以随时保持体内水的平衡，又能较好地维持运动中的生理机能，减轻心脏和胃的负担。

（四）蛋白质代谢

蛋白质是一切生命活动的基础，是由氨基酸构成的，主要用于建造、修补和重新合成细胞成分以及实现自我更新，同时也是合成酶、激素等生物活物质的主要成分，能为机体的运动提供所需能量。在代谢过程中，糖和脂肪能在体内储存，而蛋白质不同，蛋白质过多则会由肝脏分解，由肾脏排出。因此，在一般情况下，正常人每日应摄取一定量的蛋白质，摄取量应与每天消耗的量差不多，以维持体内蛋白质平衡。

1. 蛋白质在人体内的代谢过程

首先，在消化液作用下，蛋白质分子分解为氨基酸，被小肠吸收。吸收后，几乎全部通过毛细血管来进入血液，可在各种不同的组织中重新合成蛋白质。经脱氨基作用等代谢过程，最终生成氨、二氧化碳和水。氨基酸在分解代谢过程中释放能量。

2. 补充蛋白质对健美操运动的影响

研究表明，当亮氨酸、异亮氨酸和氨酸比例为 2∶1∶1 的混合物时，在促进肌肉力量的增长方面是最基本和最关键的物质，尤其可以满足大强度负荷后机体对蛋白质的需求，因此常被作为大强度健美操运动后较为理想的营养补剂。

无论是哪种健美操项目，都会促进蛋白质的分解和合成代谢。通过健美操的练习，消耗了部分蛋白质，这也必将会破坏很多组织细胞，强化了蛋白质的修补和再生过程。因此，健美操训练后要有针对性地增加蛋白质的补充，以保证运动效果。

蛋白质的代谢受到多种激素的影响，其中甲状腺素和肾上腺素能促进蛋白质的分解，表现为甲亢时，甲状腺素分泌增加，人体蛋白质分解增加，人体逐渐消瘦；当生长激素分泌增加时，会促进人体蛋白质的合成，从而让肌肉变得更加健壮。

二、健美操运动的能量代谢

能量代谢是人体与外界环境之间的能量交换和人体内能量转移的过程。物质代谢和能量代谢是两个紧密相连的过程，在能量代谢过程中可以让能量物质，如脂肪、糖、蛋白质等蕴藏的化学能释放出来，供机体运动时利用。健美操训练时，能量消耗明显增加，增加的幅度也会取决于健美操训练时的强度和持续时间，以及健美操训练的水平和对动作的熟练程度。下面将要介绍的是健美操运动中的几种供能方式。

（一）磷酸原供能

健美操运动的直接能源来源于三磷酸腺苷（ATP），它是人体其他任何细胞活动（如腺细胞的分泌、神经细胞的兴奋过程中的离子运转）的直接能源，主要储存在细胞当中。ATP 在肌肉中的储存量并不决定 ATP 主要作用的发挥，最重要的是 ATP 能否迅速合成。

ATP-CP 合称为磷酸原，CP 又称为磷酸肌酸，是储存在肌细胞中与 ATP 紧密相关的另一种高能磷化物，分解时能释放出能量。在机体内部，由 ATP-CP 分解反应组成的供能系统称为磷酸原供能系统。

肌肉收缩时，ATP 是将化学能转变为机械能的唯一直接能源，人们在进行健美操运动锻炼时，ATP 转换率会加快，且与训练强度成正比。训练强度越大，ATP 转换率越快，机体对骨骼肌磷酸原供能的依赖性就越大。

而当肌肉收缩且强度很大时，随着 ATP 的迅速分解，CP 随之迅速分解放能。肌肉在安静的状态下，高能磷化物以 CP 的形式积累起来，故肌细胞中 CP 的含量要比 ATP 多 3~5 倍。但是对于人体进行健美操运动时，这些供能物质也还是有限的，随着运动时间的延长，必须有其他能源来完成供应 ATP 再合成，才能使肌肉活动持续下去。

CP 供能对 ATP 再合成非常重要，这种重要性表现不在其含量，而在其快速可动用性，既不需氧，又不产生乳酸。但是 CP 和 ATP 不能直接作为营养补充，因为分子过大，不能被人体吸收。但是肌酸能够合成 CP 也能够被人体直接吸收，进而为合成 ATP 所用，因此在补充能量时可以适当补充肌酸。

磷酸原供能系统中，ATP、CP 均以水解分子内高能磷酸基团的方式供能，因此，在最开始进行健美操运动时，机体会首选磷酸原供能系统进行供能。

（二）糖无氧酵解供能

健美操运动中的一些项目，如竞技健美操，运动强度很大，运动者机体内所需的能量远远超出了磷酸原系统所能供给的能量，同时供氧量也满足不了机体的需求。这时，就需要糖无氧酵解来进行供能了。糖无氧酵解是指葡萄糖或糖原在无氧条件下分解为乳酸、同时生成少量 ATP 的过程。在缺氧条件下，丙酮酸在乳酸脱氢酶的催化下接受璘酸丙糖脱下的氢，被还原为乳酸。在氧供应充足时，无氧酵解所产生的乳酸，一部分在线粒体中被氧化生能，一部分被合成为肝糖原等。乳酸是一种强酸，当产生过多的乳酸积聚在体内时，就会破坏机体内环境的酸碱平衡，使肌肉工作能力下降，造成肌肉暂时性疲劳。

研究表明，机体内部糖酵解的过程是：首先，糖从葡萄糖生成 2 个磷酸丙糖；其次，磷酸丙糖转化为丙酮酸，生成 ATP。在有氧的条件下，丙酮酸还可进一步氧化分解生成二氧化碳和水。

在健美操运动刚开始时，ATP 会在 ATP 酶催化下迅速水解释放能量。一旦机体中 ATP 的浓度下降，CP 就会立刻分解释放出能量，以促进 ATP 的合成。肌肉利用 CP 的同时，糖酵解过程被激活，肌糖原迅速分解，提供运动中所需要的能量。这是一个连续的过程，在运动中糖无氧酵解有着重要的作用。

（三）有氧代谢供能

当在有氧健美操运动中氧的供应充足时，糖、脂肪、蛋白质会被彻底氧化成水和二氧化碳，把机体的这个反应过程称为机体的有氧氧化，即为有氧代谢。

有氧氧化能够提供大量的能量,从而能维持肌肉在较长时间内进行工作。例如,由葡萄糖有氧氧化所产生的 ATP 为无氧糖酵解供能的 19 倍。ATP 和 CP 的最终再合成以及糖醇解产物乳酸的消除都要通过有氧氧化来实现有氧健美操可以更加快速、有效地消除无氧代谢过程中所产生的乳酸,延缓疲劳,因此有氧健美操的训练能力是竞技健美操训练能力的基础。

在健美操运动过程中,机体的骨骼肌通过糖、脂肪、蛋白质三大能源物质的有氧代谢释放能量,合成 ATP,从而构成有氧代谢供能系统。在机体的有氧代谢供能系统中,首先,体内糖原储量较多,肌糖原耗尽需要 1~2 小时的小强度运动;其次,体内的脂肪储量丰富,是安静或低中强度运动下的主要供能基质,它的氧化过程对糖有依赖性,其供能的比例会随健美操运动锻炼强度的增大而降低,随着健美操运动锻炼持续时间的延长而增加;最后,蛋白质的供能要在长于 30 分钟的大强度运动中才会进行参与,并与肌糖原的储备有关,当糖原储备充足时,蛋白质的供能仅占总热能的 5% 左右,肌糖源耗竭时,蛋白质的供能达到总热能的 10%~15%。

有氧代谢供能的效果受到很多因素的影响,氧从空气到肌肉的整个过程所经过的每一个系统都会对有氧代谢功能效果产生影响,具体来说,主要有以下几个方面。

1. 呼吸系统对有氧代谢供能的影响

呼吸频率大或者呼吸深度大,肺通气量就越大,吸入体内的氧量也就越多。由于解剖无效腔的存在,在健美操运动过程中主要以加大呼吸深度来消除解剖无效腔的影响,提高氧进入体内的效率。

2. 血液系统对有氧代谢供能的影响

血红蛋白执行氧运输任务,因此血红蛋白的数量会对有氧耐力产生很大的影响。如果血红蛋白的含量低于正常人,则必将会影响到运动者的有氧代谢能力。因此,要在运动过程中进行定期的测量,监测血红蛋白含量的变化,防微杜渐。

3. 循环系统对有氧代谢供能的影响

心脏泵血功能对健美操运动影响非常大,有研究表明,在运动的初期,有氧氧化能力的增加主要依赖于心排血量的增加。

三、健美操运动对生理健康的影响

在现代社会环境的影响下，大学生越来越追求自身的完美，越来越希望能够练就一个健康的体魄，从而塑造自身完美的形象，所以健美操运动日渐发展为他们生活的一部分。健美操运动不仅能发达肌肉、增强肌肉的弹性和肌力，而且对人体的心血管系统、呼吸系统、运动系统、神经系统等各内脏器官的功能也会产生重要的影响。

（一）健美操运动对心血管系统的作用

在人体的生命活动中，主要是凭借血液循环和外界进行物质交换，循环停止也就代表人的生命终止。可见，心血管系统对人体生存的重要意义。

1. 健美操运动可以提高血液循环的质量

一般正常人的血液总量只占体重的8%，而经常参加健美操运动锻炼的人血液总量约占体重的10%，且血液的重新分配机能快，这就保证了人体在承受较大的生理负荷时，经过神经系统的调节，反射性引起肝和脾释放储存的血液。同时，血管的收缩和舒张促进了大量血液参加循环，保证了肌肉活动时的血液供给。

经常参加健美操运动锻炼的人，体内还会产生一种高密度脂蛋白粒子（HDL2），HDL2具有清理和打扫沉积在血管上的脂肪和胆固醇的作用，可以有效防止血管堵塞，保障正常的血液循环。

2. 健美操运动可以改善心肺功能

经实验研究发现，经常参加健美操运动能使心肌肌红蛋白的含量增加，组织代谢能力加强，供血量增加，使心肌纤维变粗，心脏的重量和大小增加。心脏搏动有力，外形丰满。一般人的心容量为765~785毫升，而参加健美操运动的人，其心容量可达到1015~1027毫升，每分输出量和每搏输出量也都增加。

（二）健美操运动对呼吸系统的作用

从生理发育特征来看，大学生大多已经进入青年中期，呼吸肌增强，呼吸深度加大，男生呼吸频率约为18次/分，女生比男生快1~2次。肺活量也达到了成年人的水平。

人体一切活动所需要的能量和维持体温的热量都来自体内营养物质的氧化，氧化过程需要不断消耗氧，产生二氧化碳，这就形成了呼吸过程。呼吸就是机体和外界环境之间的吐故纳新，以及实现人体内部气体变换的过程。因此，呼吸系统作为人体生命活动的重要标志，对人体的健康发展有着重要的作用。

1. 健美操能够有效提高呼吸系统的机能水平

经实验研究显示，经常进行健美操运动会使机体的呼吸频率相对减少，呼吸深度加大，由于呼吸肌的力量增强，肺泡弹性增大，肺活量和肺通气量的指标明显增大。例如，一般成年女子的肺活量为2500毫升左右，成年男子的肺活量为3500毫升左右。安静状态下一般人的呼吸频率为12~16次/分，肺通气量为6~8升，而经常参加健美操运动的人呼吸频率仅为8~12次/分，就可达到同样的肺通气量。呼吸系统机能水平的提高和改善，无论对保持健康还是对预防疾病都具有非常重要的作用。

2. 健美操运动能够有效促进呼吸器官结构的改变

健美操尤其是竞技健美操运动强度比较大，肌肉活动比较剧烈，需要消耗氧气量、产生二氧化碳量都会很大，这就促使呼吸系统必须要加倍工作，从而适应机体活动的需要。因而人体呼吸频率加快，呼吸次数增加，深度加深，胸廓活动度加大。尤其是在大负荷的健美操练习时，呼吸次数可增到40~50次/分，每次吸入空气量达到2500毫升，是安静时的5倍。同时，由于运动时需求量增加，肺泡就会最大限度地参与气体的交换，这对肺泡的生长发育及弹性的改善都有积极的作用。经常参加健美操运动的人，其胸围一般要比同龄人大3~5厘米，呼吸差也增加到9~16厘米。

（三）健美操运动对运动系统的作用

人体的运动系统由骨骼、肌肉、关节和韧带组成。骨骼是人体的支架，关节是连接骨与骨之间的枢纽，附着在骨骼上的是肌肉。韧带在关节的周围，起着连接两骨和加固关节的作用。机体之所以能够进行各种健美操的运动，主要是依靠运动系统，而其动力来源于运动系统中的肌肉。肌肉增长的主要表现是肌纤维变粗和横断面积增大；肌肉重量增加；收缩力明显增强。

1. 健美操运动能够提高关节的柔韧性和灵活性

经常参加健美操运动的人，关节周围的肌肉和韧带得到了增强，从而关节囊的力量和关节的稳固性也得到加强。同时，使关节周围的肌肉、韧带的伸展性得到改善，扩大了关节运动中的幅度，提高了关节的灵活性。

2. 健美操运动能促进结构机能的有利变化

高负荷的健美操运动后，肌体组织处于极度饥渴的状态，因而会为了超量恢复而极力摄取更多营养。这就使得肌肉中的毛细血管网增多，结缔组织也逐渐增多，肌肉纤维增粗，肌肉的生理横断面和体积增加，皮下脂肪减少。肌肉含量增加，脂肪含量就会相对下降，使人体基础代谢率提高，有利于人体健康。同时还可以加强肌肉收缩时的力量，使肌肉的收缩速度加快，灵活性、耐久性提高，弹性、柔韧性增强。

3. 健美操运动有利于强化骨结构，提高骨性能

经常参加健美操运动的人，由于其新陈代谢增强、血液循环加快，使骨结构和性能也随之发生了变化。其中主要表现为骨的长度增加，骨径变粗，骨密质增厚，骨小梁的排列根据拉力和压力的不同更加整齐和有规律，骨表面肌肉附着突起增大。这种结构上的变化都使骨更加坚固、粗壮，提高了骨的抗弯、抗断、抗压的性能。同时还能刺激软骨的增生，对人体的增高有很大的作用。

（四）健美操运动对神经系统的作用

人体发育成熟最早的系统就是神经系统。在神经系统的发育过程中，脑的重量会随着年龄的增长而增长，并且随着年龄的增长，记忆力、分析力以及综合能力也会显著提高。

人体各器官的活动都是在神经系统的调节下进行的。神经系统的重要作用是指挥、控制、调节人体各部分的机能，以适应外界环境的各种变化。

1. 健美操运动可以提高神经系统的反应能力和灵活性

健美操运动中的有些项目具有较大负荷量，因此要求神经系统能够迅速动员和调节各器官与系统的机能，使之适应肌肉活动的需要。同时健美操运动采用的是开放式的运动环境，如表演健美操，阵阵呐喊声和掌声的刺激都使机体的应激能力经受了一定的锻炼，加强了神经系统的兴奋、抑制交替转换的灵活性，改善神经系统对全身各系统的迅速调节能力，提高反应速度及灵活性，使人体活动中的动作更协调、灵敏和准确。

2.健美操运动有利于提高人体对环境的适应能力和免疫能力

经常参加健美操运动的人血管收缩的反应性、基础代谢率等都会得到改善，体温调节能力加强，对气候的变化反应灵敏，在受到环境温度变化时能够迅速保护和防御，以免机体受到伤害。因此，长期参加健美操运动的人能健美体格，增强体质，对环境的适应能力以及免疫能力要比一般人强。

3.健美操运动有利于提高大脑皮层神经细胞的耐受性

经常参加健美操运动可以促进血液循环加快，使单位时间大脑血流量增多，脑细胞能够得到更多的营养，提高大脑的功能，加快神经疲劳的消除，提高大脑抗疲劳的耐受能力，使肌肉收缩节约化，进而提高了大脑长时间工作的能力。

四、健美操训练的生理负荷理论

科学地确定适宜自己身体状况的健美操训练生理负荷，是获得良好训练效果的前提。健美操训练运动负荷是指训练者在做健美操练习时的量和强度对机体影响的大小。其包含了训练指标（如时间、次数、密度、强度等）和机体反应指标（练习所引起的心率、肺通气量、耗氧量、血压、体重等变化）。训练指标和机体反映指标紧密联系，因而必须要科学设计，合理安排。

健美操训练的负荷量是指从事健美操训练的时间和练习的重复次数以及负重量等。一般练习时间越长，重复次数越多，负重量越大，则负荷量就越大。健美操训练的负荷强度是指训练时间用力的紧张程度，训练的密度、质量和难度等，紧张用力地完成动作与放松省力地完成动作其作用是不同的，因此在健美操训练中要特别注意完成动作的力度、节奏和速度，在健美操训练中，间歇休息的时间长短和恢复的速度对训练者身体有直接的影响，所以在健美操训练中，还必须要注意休息时间的合理安排及恢复速度。健美操训练中恢复速度是指练习间歇时间内，练习者身体机能恢复的快慢程度，用以表明练习者身体的恢复水平。根据测定，一般在做完成套健美操练习后的5~10分钟，心率可恢复到正常水平。恢复速度越快练习者的水平越高。因此，设计健美操训练量和强度时，还必须合理安排间隙时间，练习中休息时间的长短和机体恢复的速度，取决于前一个负荷的强度和练习者身体的机能状态。

（一）运动负荷的确定

确定健美操训练运动负荷有两种方法，具体如下所述。

1. 以运动心率确定负荷

没有健美操训练基础的学生：

220 次 / 分 - 年龄 = 运动时最大心率（次 / 分）

这是由美国空军医生库帕提出来的公式。如 30 岁的人，运动时的最高心率为：220-30=190 次 / 分，而 65 岁的人，运动时的最高心率则为：220-65=155 次 / 分。

确定健美操训练强度的极限指标后，要限定心率范围。美国健身研究协会推荐的健身指标为"最大心率 ×（65%~80%）"，美国人体心脏学学会推荐的健身指标为"最大心率 ×（60%~75%）"，美国运动医学院推荐的健身指标为"最大心率 ×（65%~90%）"。心率在这些指标范围内，训练属有氧运动。百分比的指数越高，对身体的影响就越大，训练的效果就越明显，如果百分比指数超过上述范围则是无氧训练，对提升训练水平有一定作用。但训练负荷太大，则对身体健康可能会有一定影响，特别是长期的高负荷训练，其无益于健康。因此，高校大学生健美操训练负荷安排要恰当。

2. 以自我感觉确定负荷

在健美操运动训练中，要想完美地通过心率变化范围来掌握控制好训练负荷，是不可能的。因此，以自我感觉来确定训练负荷是非常重要的，也是非常实用的。瑞典生理学家 Bong 设计确定运动负荷的主观心理用力感觉等级表（简称 RPE）。高校健美操训练也可参照借鉴，按自我感觉，该表将训练负荷分为 6~20 级，并以 RPE 值乘 10 为接近当时负荷者的心率水平；RPE 与心率的相关序数为 0.8~0.9。

（二）训练自我监督

健美操训练自我监督是指在训练时对自己的身体健康状况和功能状况进行自我观察的方法。它是自我评定运动负荷大小的有效方法。

1. 自我感觉监督

（1）负荷适量的自我感觉

训练后感觉良好、精力充沛、心情愉快、渴望继续锻炼，说明运动量适度；训练后食欲良好，说明运动量适宜；训练前后的食欲无变化，则可能负荷量不足。训练后入睡快、梦少、不易惊醒，晨起精神饱满，说明运动量适度。

（2）负荷过量的自我感觉

训练后，若出现嗜睡，清晨起床后头晕昏沉、四肢酸痛、精神不好或食欲减退等症状，说明运动量过大。训练后出现精神萎靡不振，对训练不感兴趣，冷淡或厌倦，四肢酸软无力、倦怠，则可能是训练时间过长，教学方法不当或疲劳的原因，应停止训练，适当休息，当不良症状全部消除后再循序渐进地开始训练。若在训练的过程中出现头痛、恶心、气喘、心悸、胸痛、腹痛、面色苍白或发青等症状，则可能是身体不适应或准备活动不充分，训练者应及时调整运动量，以减轻不良反应；若持续时间过长，应立即停止运动或就医。近期训练中突然大量排汗，甚至夜间盗汗等，则可能是近期训练负荷量过大或身体功能不良，健康状况下降的反映。

2. 测量检查监督

（1）测量脉搏变化

经常进行健美操训练的学生，安静时的脉搏较慢；间断地或很少参加运动的学生则脉搏较快。当学生的训练水平提高或下降时，脉搏也将发生相应的变化。

脉搏测量可用清晨卧位脉搏频率来评定训练水平和身体功能状况。脉率若下降或不变，即说明身体功能反应良好；若每分钟增加12次以上，说明机体反应不良，可能与睡眠不好或患病等有关。排除其他原因后，清晨卧位脉率仍保持较快水平，则多与过度训练有关。清晨卧位脉率测量记录10秒内的脉搏次数，连续测量两次的数值一样即可，否则重测；也可测量30秒内的脉搏次数，然后计算每分钟的脉率数。一般大学生安静时脉搏频率为100次/分以下。

健美操训练前应测量脉搏频率，并记录。训练后应立即迅速测量脉搏。训练后脉搏频率恢复到训练前次数的速率与训练强度相对应。一般情况如下所述。

小强度运动训练后的脉搏频率为 130 次/分以下，在 10 分钟以内，可恢复到训练前的脉搏频率。

中强度运动训练后的脉搏频率为 130~160 次/分，在 10 分钟以内，可以恢复到较训练前快 50 次/分以内。

如果长时间不能恢复到训练前的脉搏频率，或经过一个阶段的训练，脉搏频率反而比训练前的正常值增加，则说明运动量过大，机体反应不良，要减少健美操训练中的运动量。

（2）测量血压变化

训练前先测量记录血压。正常安静收缩压为 90~130 毫米汞柱，舒张压为 60~90 毫米汞柱。血压变化与运动训练的强度有关。小强度运动训练后，收缩压上升 20~30 毫米汞柱，舒张压下降 5~10 毫米汞柱，并可在运动训练后 5 分钟内恢复到运动训练前血压数值。中强度运动训练后，收缩压上升 30~40 毫米汞柱，舒张压下降 10~20 毫米汞柱，并可在运动训练完成后 30 分钟内恢复到正常血压数值。大强度运动训练后，收缩压上升 40~60 毫米汞柱，舒张压下降 20~40 毫米汞柱，并可在运动训练后 24 小时内恢复到正常血压数值。

如果健美操训练后，收缩压上升明显，舒张压亦上升；或者收缩压上升不明显，甚至下降，而舒张压上升；或者恢复原血压使用的时间延长等，说明健美操运动训练量过大，身体机能反应不良。

（3）测量体重变化

进行健美操训练的学生每周可测量 1~2 次体重，每次测量应在一天的同一时间内，最好选在早晨。测量时应空腹、排空大小便，并穿内衣裤进行测量，减少误差。还可以测定训练前后的体重变化，观察运动时对机体的影响。参加系统的健美操训练后，体重变化分三个阶段。

第一阶段：体重逐渐下降，因为机体失去过多的水分和脂肪。这阶段一般持续 3~4 周或更长，体重一般下降 2~3 千克，对于胖型或较少参加锻炼的人来说，体重下降幅度更大。

第二阶段：体重逐渐稳定，运动后减轻的体重完全恢复。这个阶段能持续 5~6 周以上。

第三阶段：由于肌肉等组织逐渐发达，体重有所增加并保持在一定水平上。

3. 疲劳判断

对训练中疲劳程度外部表现的观察和学生的自我感觉，也能较好地判断健美操训练负荷量情况。

运动性疲劳大体上可分为肌肉疲劳、神经疲劳和内脏疲劳三类。肌肉疲劳时肌力下降，肌肉收缩速度和放松速度减慢，收缩时间比正常时间延长4~5倍，放松时间延长可达12倍，严重影响肌肉的快速、协调动作。肌肉出现僵硬、肿胀和疼痛症状，则可能是由于负荷过重使肌纤维发生细小损伤，乳酸等代谢产物的积存和水分的积蓄等多种因素引起的。神经疲劳表现为大脑皮层功能下降，如反应迟钝、判断错误、注意力不集中等。内脏疲劳表现为呼吸肌以及心脏的疲劳，呼吸肌疲劳使呼吸变浅、变快、气体交换功能下降；心脏疲劳时心电图发生变化。疲劳程度可分为轻度、中度和非常疲劳。一般可通过训练者的自我感觉（如疲乏、头痛、腿痛、心悸、恶心等）和某些外部表现（如面色、排汗量、呼吸、动作、注意力等）来判断疲劳的程度。大学生应根据疲劳程度的标志来合理安排自身健美操训练负荷。轻度疲劳可以继续训练，中度疲劳应适当减小运动量，非常疲劳则要完全停止一段时间的训练。

第二节　健美操运动的心理学基础

一、健美操运动与心理效应

健美操运动的生理学基础主要反映在运动过程中参与者的个体心理方面。健美操运动可以调节人的心理，使人们的心理朝着健康方向发展，还可以培养人们优良的心理品质，而优良的心理品质对体育具有重要的促进作用。实验研究证明，人的各种心理过程和个性心理特征跟人们运动行为的关系非常密切，它们直接影响着人们参加健美操运动的自觉性、积极性和主动性。而通过健美操运动训练又会不断提高、改善和调节着人们的心理水平。具体来说健美操运动的心理效应主要表现在以下几个方面。

（一）健美操与动机

健美操运动是以身体锻炼为基本手段，配合音乐的伴奏，增进健康、娱乐身心的体育健身项目。人们在参加这个运动时，对音乐、练习环境、指导员的技能水平等都会表现出一种好奇的心理，即人们所认为的动机。所谓的动机是指推动一个人进行活动的心理动因或内部动力，它的意义就是能够引起人的活动，并使活动导向一定的目标，以满足个体需要等。由于每个人的生活环境不同，个性心理也不同，因此当参加健美操运动时所带着的心理需要、动机层次、指向以及深广度都会有所不同。例如，有的人参加健美操，既可能是出于维护个人健康的需要，也可能是由于受到朋友的影响。一般来说，某一时刻最强烈的需要构成最强的动机，而最强的动机则推动着人们的行为实现。人们参加健美操运动不是单一的、一成不变的，常常是各种动机综合在一起发挥作用。对于各种群体而言，参加健美操运动的动机主要有以下几个方面。

第一，为了强身健体而参加健美操运动。

第二，为了磨炼意志而参加健美操运动。

第三，为了满足精神需求而参加健美操运动。

第四，为了消遣和寻求刺激而参加健美操运动。

第五，为了丰富自己的审美情趣，或出于减肥需要而参加健美操运动。

第六，为了丰富社会经验，结交新朋友或维护和扩大现存的友谊关系而参加健美操运动。

（二）健美操与情绪、情感

人在生活中无时无刻不充斥着感情，而感情会受到周围各种因素的影响，表现为各种复杂多样的心理情绪，情绪是人对事物的态度的体验，是人的需要得到满足与否的切身反映。研究显示，不管是长久坚持健美操运动还是一次性的健美操运动，都能对人的情绪产生良好的影响。人生活在错综复杂的社会中，经常会产生忧愁、紧张、压抑等情绪反应，大学生也会经常因各种考试以及对未来就业担忧而产生持续的焦虑反应。有研究发现，一个人的成功，智商的影响只占到20%，其他80%则是由情商决定的。在健美操运动中具有强烈的情感体验，因此对人的心理影响非常大。不管是竞技健美操还是表演健美操，都有复杂的情感表现相互感染、融合在一起，可以有利于转移个体不愉快的意识、情绪和行为。这种丰富的情感体验刺激有利于大学生情感的成熟和情感自我调节能力的积极发展。在现实生活中人们也可以通过健美操运动改善和调节自己的情感状态。

健美操运动对情绪的作用主要有两种：短期效应和长期效应。据有关研究人员指出，短时间的运动训练可以显著地改善紧张、困惑、焦虑、愤怒和抑郁等不良情绪；长期有规律的中等强度的运动有助于改善情绪并增进情绪的控制能力。经常参加健美操运动训练，则可以有效促进大学生的交际、沟通能力，能迅速改善人际关系，产生亲近、信赖和相互间谦让、谅解的心理感受，在心理上产生一种归属感和安全感，适应社会环境，减少大学生现实社会中所经受的工作压力、考试压力、竞争压力等。

（三）健美操与意志品质

健美操运动对人的意志品质的影响表现为具有坚强的意志品质。坚强的意志品质是克服困难、完成各种实践活动的重要条件。培养意志品质需要两个极其必要的条件，即"明确目的"和"克服困难"，而健美操运动则要同时具备这两个条件。人们在具有明确目的的健美操运动中，常常需要不断克服客观困难（如气候条件的变化、动作的难度或意外的障碍等）和主观困难（如胆怯和畏惧心理、疲劳或运动损伤等），这就需要足够的意志力量。只有不断地克服这些困难，才能逐步养成身体锻炼的习惯。对于大学生来说，健美操运动对意志品质的教育是一个非常有效的手段。在行动中不顾任何挫折和失败，不怕任何困难和障碍，以充沛的精力和顽强的毅力达到最终目的，是健美操中对意志品质的教育。而且健美操能够焕发精神面貌，陶冶高尚情操，同时音乐给健美操带来生机和活力，让大学生在欢乐的气氛中进行训练，心情愉快，不易出现疲劳，使心灵和情操得到净化。

（四）健美操与认知能力

人的认知能力是与生俱来的，受到遗传因素的影响很大。同时也受到外界环境，以及年龄、心理等多种因素的影响，而健美操运动对人的认知能力的促进作用是十分显著的。健美操运动种类繁多，各种健美操运动都有一个共同的特点：即在运动或高速运动中要求运动者既能对外界物体做出迅速准确地感知和判断，又能迅速感知、调整自己的身体，以保证动作的完美，长久保持这种运动便能发展人的感觉和知觉能力，提高人的反应速度，提高人的知觉判断能力，使人变得更敏锐、灵活；有些运动项目还能充分激发人的创造判断能力、记忆能力。如竞技健美操等运动项目则能充分发展人的创造力、想象力和美的表现力。人们在认识健美操和参与运动过程中，不仅能够感知直接作用于感觉器官的动作、音乐和指导员给予的肌肉、神经因素的刺激，而且在思维和指导员指导动作的共同参与下，还能在头脑中创造出某些没有经历过的动作形象来，重新创造出新颖的动作技术。

认知能力也是人的智力方面的一个表现与反映，人的智力的高低可以通过认知能力被淋漓尽致地表现出来。由此可见，经常参加健美操运动可以提高自己的智力功能，不仅可以提高运动者的注意、记忆、反应、思维和想象等能力，还可以使其情绪稳定、性格开朗、延缓疲劳等，这些非智力成分对人的智力发育和提高都具有促进作用。

（五）健美操与美感

美感是关于客观事物或者人的言论、行动、思想、意图是否符合人的审美需要而产生的一种情感。健美操运动优美、富有活力、动作强劲、节奏感强等都能让大学生产生美的情感。健美操运动能够给人以大方、自然、热情、协调、健康的美的感受。美感成分很复杂，从体验的角度来看主要有以下两个方面的特点。

第一，美感是一种愉快的体验；第二，美感是一种倾向性的体验。美感表现为对于美好事物的肯定，促使人重复去欣赏，对它感到亲切、迷恋。美感是人在社会性需要的基础上产生的，为人所独有。这种情感在人的整个情绪生活中占有主要地位，对人类生活起到十分重要的作用。健美操运动的艺术性很强，经常参加健美操运动对韵律感和节奏感的增强有促进作用，从而提高了认识美、表现美和创造美的能力。

（六）健美操与心理疾病的防治

经过医学研究发现，人的大脑中有一种化学物质不仅调节身体的免疫系统，同时还会影响着人们的思想感情。这意味着人们的心理状态与生理状态有着非常紧密的联系。这种化学物质不仅存在于个人的大脑中，还能够循环传递于身体的各个系统中，包括免疫系统。这就意味着积极乐观的心理状态可以预防疾病，体内分泌出各种有利于健康的化学物质，从而提高人体的免疫机能。如在给患者进行康复治疗时，让其保持乐观向上的精神状态有时会达到事半功倍的效果。反之，负面的心理活动，如消极的情绪、长期的焦虑、巨大的精神压力等都会导致不良的生理反应。

人的大脑与肌肉的信息是双向传导的，神经兴奋可以从大脑传至肌肉，也可以从肌肉传至大脑。积极的肌肉活动对神经的刺激就会增加，大脑的兴奋水平就高，情绪就会高涨。反之，肌肉越放松，对神经的刺激就会减少，大脑的兴奋性就降低，情绪就不会高涨。健美操运动之所以能有效地调节人的情绪，也是运用、遵循了这一原理。很多医学研究者认为，在允许的情况下，运动治疗是一个非常可取的方案。在运动治疗过程中要遵循下列的基本神经生理法则。

第一，中枢神经系统具有可塑性，即大脑在损伤后可以进行调整，以代偿损伤的功能。因此，健美操运动治疗就是要发掘大脑中的这种潜能。

第二，运动可以通过感觉来调整，运动系统在相当大的程度上依赖于感觉系统对外界环境的有效反应，通过控制本体感觉输入，可以抑制或促进运动输出。

此外，每个人的心与身都是相互联系、相互作用的，人的心理与周围的环境、周围的人也是相互协调、相互影响的。而健美操运动则为人提供了一块珍贵的活动空间，在这空间中，人的心与身、人与环境，人与人之间都能充分地交融在一起，从而促进主体对环境的适应、促进人际关系发展，使人达到身心平衡，获得身心健康。

二、心理因素对健美操运动的影响

良好的心理因素在健美操运动中起着至关重要的作用。在竞技健美操中比拼的是高超的技艺，因而每个运动者都得具备良好的运动心理素质以保证技艺的发挥，才能够取得好成绩。健美操表演中，良好的心理素质才能够让表演者更好地展现自己优美的身姿和技艺。

（一）智力对健美操运动的影响

人的智力和身体活动有着密切相关的联系，尽管随着年龄的增长，大学生的智力的发展与其身体活动能力的发展逐渐分化开来，它们之间的关系变得不明显了，此时智力与身体活动能力之间的相关度很低，但是智力的发展与身体活动能力的发展仍然存在着一定联系。健美操运动中，通常会运用到精确的记忆能力、敏锐的观察能力、丰富的想象能力、快速的思维能力等，如在竞技健美操中，对于具有丰富表现力的运动项目，创造和创新能力，以及运动过程中快速的思维能力都是运动者所必须具备的。

（二）情绪对健美操运动的影响

好的情绪能够明显地提高人的活动能力，促进人体运动能力的提高，使人精神焕发、干劲倍增、积极主动、坚韧不拔、持之以恒。不良的情绪则使人表现为精神不振、无精打采、心灰意冷、注意力不集中等。健美操运动是一种散发着热情、活力四射的运动项目，须以自己的情绪去感染观赏者的情绪。因此，时刻洋溢着愉快、热情是每个健美操运动者的运动要求。

如果人们在健身运动过程中情绪不稳定、自控能力差、心慌意乱、心烦意乱、忧心忡忡，那么就很难掌握好动作技能。反之，如果情绪稳定、精神饱满、注意力集中，就会取得很好的运动效果。

（三）良好的意志能够促进健身运动取得理想的健身效果

由前所述可知，健美操运动能够培养大学生坚强的意志品质。坚强的意志品质同样也有利于健美操运动，如对掌握动作技能、提高运动成绩、增强身体素质等都十分有益。

首先，与日常生活相比，在健美操运动中的肌肉紧张程度更高，而且还面临着在不同困难条件和情景下完成各种动作的要求，此时坚强的意志力能够满足各种动作的需要。

其次，大学生在参加健美操运动时，需要高度集中注意力，在意志的努力作用下，克服外部和内部刺激的不良影响。

最后，大学生在参与健美操运动时，机体各系统全面运转容易导致疲惫，甚至是运动损伤的产生，意志坚强者能够克服由于疲劳和运动损伤而产生的消极情绪，并积极坚持健美操训练。

第三章　高校健美操运动

第一节　高校健美操运动的发展概况

一、高校健美操的发展现状

健美操运动是一项充满活力和热情的新兴体育健身项目，而健美操这一独特特点正好与高校的青春活力所契合。1992年，我国健美操协会的成立在全国掀起了一股健美操热潮，各地都开始举行各种各样的健美操活动。而这一热潮很快便席卷了全国各大高校，并得到了广大高校学生的喜爱。健美操运动也开始在高校进行有组织、有计划的发展。

近年来，随着高校课程改革的不断深入，高校健美操得到了更加全面的发展。高校所实行的普修和选修相结合的体育教学方式，给了学生更多的选择余地，而健美操运动也正式成为学生选择最多的项目。特别是在高校的女生群体中，健美操运动几乎成为她们必选的体育学习项目。

同时，随着高校健美操运动比赛的不断增多，使得高校的健美操运动的训练也趋向专业化。许多学生的健身健美操运动水平也得到了很大的提高。而更多的健美操的高水平教师投入高校教学，也促进现代高校健美操运动的持续高质量发展。因此，高校健美操运动呈现出内容丰富、参与者众多、能力趋向专业化的发展现状。

二、高校健美操的发展趋势与对策

（一）高校健美操的发展趋势

1. 高校健美操呈多样化发展

在高校体育课程教学安排中，健身健美操是其中一个重要的组成部分。目前在我国高校，健身健美操的种类和练习形式开始向着多样化的趋势发展。例如，像搏击健美操、拉丁健美操、瑜伽健美操、街舞等不同风格的健美操在高校开始流行起来，而这种发展趋势也是顺应了学生学习需求多样化的特点。学生在学习健身健美操时，与其自身学习的目的有关。例如，许多学生喜欢充满活力的街舞、搏击健美操，然而也有许多学生喜欢较为柔美的健身操和瑜伽健美操等。

2. 健身健美操随着学生健康意识的增强而不断发展

现在，知识经济的高速发展在带给我们优越的生活水平的同时，也改变了人们生产和生活的方式。其中脑力劳动增加、体力劳动减少是最为明显的一个特点。随着社会竞争的日益激烈，人们的工作和生活的压力不断增大，使人们逐渐意识到身体健康对于自身来说有多么的重要，人们的健身需求开始日趋强烈，从而也促进了社会体育的发展。体育成为满足人们肢体运动、心理调节和情感依赖的主要手段。另外，随着生活水平的不断提高，人们可以从日常开支中拿出一部分钱来投资于体育活动，人们也开始形成了"花钱买健康"的观念，健身运动已然成为人们新的时尚消费。而这些健康观念也势必会影响到现在的高校大学生，在社会和学校的双重灌输下，大学生的现代健康观念日益增强，越来越多的学生开始自觉参与到健身锻炼中来，这也在一定程度上推动了我国体育健身事业的快速发展。而健身健美操作为社会体育的重要组成部分，以它独特的健身性、表演性、竞技性、娱乐性等特点吸引着越来越多的学生参与到健身健美操的运动行列中来。因此，在这种社会大环境下，健美操的市场前景将更加广阔。

3. 健身健美操训练的科学化程度不断提高

（1）如今知识信息的传播速度相当快，人们可以足不出户地获得各种各样的知识和信息。而这也为健美操知识的传播和普及创造了很好的条件，并且还可以与国际健美操的发展保持同步。

（2）越来越多的科学训练手段为高校学生健美操练习的效果提供了保障。对不同学生群体体质的测定和最佳锻炼心率范围的研究可帮助学生制订出科学有效的运动计划。学生在采用不科学的练习方法时，不仅起不到良好的锻炼效果，而且还极有可能引起运动损伤。因此，只有遵循科学锻炼的原则，才能使学生达到健美操锻炼的真正目的。

（3）健美操的发展也离不开科学化的理论知识和训练方法。随着现代科学技术的不断提高，人们不再满足于以前那些简单、单一的锻炼形式，而是寻求内容丰富多彩、形式多样化和锻炼科学化的健身方式。而锻炼项目是否科学、是否能真正达到有效地锻炼身体的目的是人们选择健身项目的一个非常重要的考虑因素。因此，只有不断提高科学化程度，健美操项目才能有更好的发展。目前，一些健美操从业人士已经充分认识到了这一点，正在不断地积极探索健美操科学化的方法和途径，相信在今后的发展中，健美操的科学化水平将会不断提高。

4. 市场竞争推动着健美操的快速发展

随着人们健康意识的不断增强，健身产业也开始大步发展，许多现代的健身场所开始出现在各个城市中。而随着健身场所的不断增多，使得健身市场的竞争性开始加剧。现代健身场所的经营最终要通过服务才能实现，服务质量的高低直接影响着大众健身的质量和经营者的经济效益；同时，其也必将影响健身市场的兴衰。所以，为健身消费者提供及时、优质、高效的服务，从而使客人达到预期的健身效果，提高健身指导的服务质量，已成为推动健身俱乐部发展的至关重要的因素。而我国高校健美操在近年来取得了快速发展，可以为其提供许多后备人才，而高校健身健美操在以后的发展过程中还将与市场紧密联系，共同促进我国健身健美操的发展。

（二）高校健美操的发展时策

1. 加强健美操的宣传，加深健美操运动的普及程度

几十年来，我国健美操运动的开展与普及取得了可喜的成绩，特别是在我国高校健美操运动的发展上，几乎所有的高校都开设有健身健美操的运动课程。在新的社会条件下，健美操的发展要与"全民健身计划"和"奥运争光计划"

相结合，加大健身健美操运动的推广及宣传工作，从而实现我国健美操运动的进一步普及。

2. 大力发展各级学校的健美操运动

在大、中、小学学校推广健美操运动，增大健美操人才培养的储备。在学校，教师是健美操运动发展的关键因素，学校应对健美操教师进行大力培养，使其专业技能和教学水平能得到大幅提高，只有这样才能保证学生具有良好的学习效果，才能更加有效地推动高校健美操运动的发展。

3. 加强对高校健美操运动技术的研究

在提高健美操技术科学化水平的同时，还要找到健美操的科学训练方法，并要使高校健美操运动向着科研的方向发展。利用科学的方法指导健身，吸引更多的学生参与到健美操锻炼当中来。

目前，我国在健美操的理论研究方面还不够，光有丰富的实践经验，而缺乏科学的理论指导，容易造成实践偏离正确的发展轨道。因此，我们要加强健美操运动的理论研究，特别是高校健美操运动，保证它在教学上的权威性，并与健美操实践进行高度的结合，最终实现由健美操的理论知识来指导实践。

相对于健美操的创编来说，我国关于健美操音乐方面的研究就捉襟见肘了。我们要加强对健身健美操运动音乐编辑方面的研究，利用已有的各种先进科学技术，收集大量的关于健美操音乐的资料进行相关的整理、统计和分析，并借助多媒体来进行视频、音频的制作。

三、高校健美操的创新

（一）高校健美操创新的基本原则

1. 安全有效性原则

在进行健美操运动时，锻炼身体、增进健康是学生参与的主要目的。而如果在练习中出现任何损伤，都会有违从事健美操运动的初衷。因此，在进行健美操教学时一定要首先考虑到内容的"安全性"，同时还要对其动作的"有效性"进行充分的考虑。在健美操中，有许多动作锻炼效果非常有效，但不一定安全，如过度背伸展运动对拉伸腹部肌肉非常有效，但同时也会对脊柱造成很大压力，有可能会引起腰部的损伤，所以属于不适宜的动作应该避免。也有些动作很安全，但不一定有效，因此我们需要在"安全"和"有效"之间寻求一个平衡点。

2. 针对性原则

在高校健美操运动教学过程中，不仅要对学生的健康水平、身体能力与技能进行考虑，还要根据不同级别的课程进行有针对性的内容安排。实现既能在练习中达到锻炼身体的目的，还能从中得到乐趣的教学效果。

在考虑组合中如改变方向、加大移动、节奏加快、重复做相同的动作、选择转身动作和转的度数及跳跃动作等这些变化时，一定要针对学生的接受能力、协调性、方向平衡感、身体的肌肉力量等进行选择。只有对这些方面进行详细的了解，才能制订出有针对性的教学计划，学生也就更能明白教师的意图，这样就可以真正达到师生融为一体的境界，使课堂气氛更加活跃。

3. 合理性原则

合理性原则也是高校健美操运动创新所必须遵循的原则之一，也就是说，健美操的创新要以人体的生理解剖结构为根据，动作之间的搭配要合理、科学，动作之间的衔接要自然流畅。

（二）高校健美操创新的主要内容

1. 健美操审美观念的更新

不同时代对人的审美标准是不尽相同的，在古代，强健的体质、伟岸的形体、粗犷豪放的阳刚之美是我国主要的审美观念。但发展到了今天，人们的审美标准发生了许多变化，这也是时代发展的必然结果。人们发现人除了要有健康的体魄，还要有美的愉悦。爱美之心，人皆有之，在对美的追求上，是不分年龄、不分层次的。年轻人可以追求朝气蓬勃之美，中年人可以孜孜不倦地追求美好生活之美，老年人则可以追求热爱生活之美，而美的元素也在学校、健身房和社区老年活动中心等地方进行传播。在健美操运动中，对美好生活的追求也得到了完美的体现，新的审美观念在提高整个民族体质的过程中，发挥了不可替代的积极作用。

人审美观念的提高是需要一个不断发展和完善的循序渐进的过程。例如，以前人们觉得只需要注重容貌的装饰、服装的搭配就能达到美的体验，但这种美却忽视了最能展现人体美的重要因素——美的动力性。人们只有做到各个方面的协调统一才能呈现出完整的美。马克思曾经说过：我们如果看到痉挛得缩成一团、背弯得抬不起头的人，就会不由自主地四下张望，怀疑自己的存在，恐怕自己也被消灭了。但是如果看到一位非常勇敢的体育家，我们就会忘掉自己，觉得我们胜过自己百倍，天下任何事都能担得起，呼吸更自由了。高校学生参加健美操，其健美的体魄、英姿飒爽的神态和扑朔迷离的技巧，都闪烁着生命的光辉，使观看者能感受到强烈的生命活力，使人们能够对生活充满信心，拥有克服一切困难的勇气，同时它也引导着人们对美好事物的不断追求、探索和创新。

2. 健美操动作创编的创新

虽然健美操在我国的起步相对较晚，但丝毫不影响其快速发展的脚步。它在我国正逐渐向着动作多样化、技术规范化、比赛制度化、形式国际化等方向发展，越来越多的人被其独特的魅力和不同的风格吸引。健美操在动作上虽然较为丰富，并各具特色，但它并不是单纯的自我展现，而是要完善自我；它不仅仅展现着生活，还在创造新的生活。所以健美操动作所体现出的是对生活的追求和创造，它具有较为鲜明的创新特点，这也是健美操项目拥有强大生命力的重要原因。

3. 健身健美操音乐的创新

在健美操中，音乐是一个非常重要的因素，其动作的节奏、表演的效果与所选的音乐有着直接的关系。大学生在学习健美操时，音乐可以充分激发学生学习的激情与活力，体现健与美、力与新的结合。最初我们所使用的音乐还是延续了迪斯科、摇滚、爵士乐等形式，刚开始接触时，使人耳目一新，强烈的节奏振奋人心，增强了健美操的力度与效果。但是随着我国健美操运动的发展，越来越需要编排出具有中国特色和民族风格的健美操，以反映当代人们的社会生活以及人们的心理素质、情感思想、伦理道德和审美观念等，所以我国健美操的音乐创新势在必行。

4. 健美操力度创新

在健美操运动中，节奏和力度的把控是衡量其水平高低的重要标准，在运动中，要求参与者的动作要刚劲有力、积极迅速、力度感强。如果所做出的动作绵软无力，那么就很难体现出健美操的美感，所以在力度方面，高校学生在学习过程中要大胆突破，充分挖掘自身的潜能，努力提高对健美操力度的掌控能力。

我们所说的力度并不是说要学生去进行大运动负荷的训练才能练好，世界健美操权威简·方达最早对健美操进行了分析研究，认为要想提高身体的训练效果，必须从全面提高身体素质开始，从改善体形减缩脂肪和增强肌肉弹性的目的去考虑，因此她提出并创造出了一种与轻负荷锻炼相结合的健美操，这是健美操创新的一个最好依据。

如果训练过程中负荷过大，就会使人产生生理和心理上的压抑，大脑皮层得不到积极休息，就会影响大脑神经系统的功能，另外也影响大脑分泌一种对人体免疫功能有益的多肽物质——内啡肽。这就说明，在进行健美操力度训练时，我们必须消除不断加大的负重锻炼。

第二节 高校健美操与相关学科的基础研究

一、健美操运动与生理学

参加健美操运动的主体是人，人体内进行的物质代谢是生命活动的基本特征。物质代谢是合成代谢和分解代谢两个相互联系的过程。人体摄取的糖、脂肪、蛋白质等营养物质经合成代谢构筑人体的组成成分和更新衰老的组织，经分解代谢释放出其中蕴藏的化学能，这些化学能经过转化成为人体活动所需的能源。因此，我们把在物质代谢过程中所伴随着的能量释放、转移和利用的现象称为能量代谢。

（一）健美操运动的物质代谢

人体不能直接利用太阳的光能，也不能利用外部供给的电能、机械能等能量，人体唯一能够利用的是摄入体内的糖、脂肪、蛋白质等营养物质中所蕴藏的化学能。

1. 健美操运动的糖代谢

（1）运动与糖代谢

为了让健美操工作者能够更好地了解健美操运动的糖代谢，首先我们来了解一下糖对人体的作用。

糖是人体组织细胞的重要组成成分，是健美操运动者所需能量的重要来源。一般情况下，人体每天所需能量的70%以上是由食物中的糖提供的，且糖在氧化时所需的氧较脂肪和蛋白质少。因此，成为肌肉和大脑组织细胞活动所需能源的首选，是人体最经济的供能物质。由于健美操运动的负荷不同，糖在体内的代谢也不同，在通常情况下，糖在体内除供应能量外，还可以转变成蛋白质和脂肪。

（2）健美操运动对血糖的影响

正常人安静状态下血糖浓度的变化范围在 3.9~5.9mmol/L，经常进行健美操训练的人与正常人无区别。长时间的健美操训练可引起血糖水平下降，训练者会出现运动能力下降的现象。

马鸿韬博士对从事不同类别的健美操训练时血糖浓度的变化进行了研究，研究结果表明，在不同类别的训练中，血糖浓度的变化趋势是不一样的。在一套大众健美操和竞技健美操练习后，血糖水平会呈现出上升的趋势，而在一堂大众健美操课和竞技健美操训练课后，血糖浓度呈现出下降的趋势，且竞技健美操训练下降得更为明显。

产生不同血糖浓度变化的原因主要是由于训练内容、训练强度的不同，以及由此而引起的神经系统兴奋性的不同所造成的。从一套操来看，竞技健美操所引起的神经系统兴奋性高、强度大，且内容丰富均促进了肝糖原的分解进入血液，但因一套操的时间较短，消耗的葡萄糖量少于从肝糖原动员的量，因此血糖水平比运动前有所升高，并且高于一套大众健美操。由于竞技健美操的强度大，在完成一堂训练课后，所消耗的糖量大于大众健美操所消耗的量，同时也大于糖原转化为葡萄糖的量，其结果表现为血糖下降。

（3）补糖对健美操训练的影响

由于竞技健美操的运动强度和量都较大，能量消耗较多，训练前和训练过程中若科学合理地补充糖，可以大大提高竞技健美操的训练效果。研究结果表明，血糖水平的变化与训练前服糖时间的关系较为密切，训练前 2 小时服糖的效果较好。因为这种服糖方式，在训练开始前，补充进入人体内的糖已完成肌、肝糖原的合成过程；在训练开始后，肌、肝糖原的动员进入血糖供给需要，保持较高的血糖水平。

在训练前 1 小时之内，不要大量补糖，因为此时补糖所引起的血糖升高，可导致胰岛素的大量分泌，而后者有很强的降血糖的作用，反而会使血糖浓度下降，从而降低运动能力，产生不良的训练效果。

在训练过程中，最好饮用低浓度的含糖饮料，一方面是由于低浓度的饮料可促进渗透吸收作用；另一方面胃在短时间内只能排空少量的液体，而高浓度的糖水，会延长胃排空时间，对训练不利，也对糖吸收不利。

2. 健美操运动的蛋白质代谢

（1）运动与蛋白质代谢情况

首先，我们先了解一下蛋白质的作用。蛋白质主要是由氨基酸构成的，氨基酸主要用于建造、修补和重新合成细胞成分以实现自我更新，也用于合成酶、激素等生物活性物质，也可作为机体的能源物质。健美操训练所联系最为密切的肌肉组织的主要成分是由蛋白质组成的。

蛋白质的代谢过程不像糖和脂肪那样能在体内贮存，一般情况下正常成人每日摄取蛋白质的量与他每天所消耗的量几乎是相等的。

健美操训练不论是大众健美操还是竞技健美操都会促进蛋白质分解和合成代谢，通过健美操训练消耗掉了部分的蛋白质，也必将破坏了许多组织细胞，从而加强了蛋白质的修补和再生过程。因此，健美操训练必须要有针对性地增加一些蛋白质的补充，如谷氨酰胺、a-酮戊二酸以及由多种氨基酸共同组成的蛋白粉等，以保证健美操训练的效果和健美操练习者的肌肉质量。

蛋白质是骨骼肌纤维的主要成分，蛋白质是由结构较为简单的氨基酸组成的，各种不同的氨基酸能够组成不同种类和营养价值各异的蛋白质。

（2）补充蛋白质对健美操运动的影响

健美操的练习者在补充蛋白质的过程中，一定要考虑其补充蛋白质的成分。例如，大量的实验研究表明：比例为 2∶1∶1 的亮氨酸、异亮氨酸和缬氨酸三种氨基酸的混合物，在促进肌肉力量的增长方面是最基本和最关键的物质，尤其是可以满足大强度负荷后，机体对蛋白质的需求。因此，该物质常被作为大强度运动后较为理想的营养补剂。而其中的亮氨酸不仅是肌蛋白的结构分子，而且能升高体内三大关键促进合成激素的释放，同时还能抑制分解效应。它还可诱发生长激素、胰岛素的分泌，创造良好的激素环境，能抑制由于健美操训练诱发的不利于肌细胞的破坏因素。它还能非激素式地促进肌纤维内主要蛋白质的新陈代谢。因此，它的使用可最大限度地减少蛋白质在体内的分解和被破坏，其结果可以大幅度增长健美操运动员的肌肉力量。由于它有促进蛋白合成的作用，造就了它不是健美操训练前服用的营养补剂，其最佳的服用时间是在健美操训练后的恢复期。

健美操运动员的肌肉力量与质量十分重要，肌肉力量和质量的关键是谷氨酰胺充足与否。因此，可以在健美操训练过程中补充谷氨酰胺以提高训练的强度及质量。几乎所有的其他氨基酸都仅含有一个氮原子，而谷氨酰胺含有两个氮原子，所以它具有最高的生物价。在健美操大强度训练后，肌肉内的谷氨酸胺含量会失掉40%以上，所以在超负荷训练后补充谷氨酸胺是促使肌肉疲劳快速恢复的重要手段之一。总之，不论在训练前或在训练后补充谷氨酸胺均可收到良好的效果。而教练员最为关心的补充量的问题，应该是根据健美操的不同项目、不同训练内容以及不同健美操练习者的吸收情况，与科研人员密切配合，加强对生理指标的检测，有针对性地寻找到不同健美操练习者补充营养补剂的数量和服用时间以及与健美操训练强度的关系。

值得注意的是：部分健美操的教练员和运动员错误地认为增加蛋白质营养会促进肌肉组织的增长，但大量的实验证明必须在进行渐进性的力量训练前提下，合理地补充蛋白质营养才能使肌肉力量得到增长。而只在比赛前或赛前调整期才大量补充氨基酸甚至静脉输入大量氨基酸均会导致体内酸碱平衡失调，反而会引起健美操练习者机能水平下降。

蛋白质的代谢过程受几种激素的调节，甲状腺素和肾上腺素能促进蛋白质的分解，表现为甲亢时，甲状腺素分泌增加，人体蛋白质分解增加，人体逐渐消瘦，而生长激素分泌增加时，表现为人体蛋白质合成增加，肌肉健壮。

3. 健美操运动的脂肪代谢

（1）运动与脂肪代谢的情况

首先了解一下脂肪对人体的作用。脂肪大部分贮存在皮下结缔组织、内脏器官周围、肠系膜等处，身体内贮存的脂肪不是恒定不变的，而是不断地进行更新。一般脂肪约占体重的 10%~20%，肥胖的人可达到 40%~50%。脂肪除能由食物中获得外，还可以在体内由糖或蛋白质转变而成；脂肪除作为含能量最多的物质外，还可以起到保护器官，减少摩擦和防止体温散失等作用。

人体内的脂类分真脂和类脂两大类，食物中常用的动植物脂肪都是真脂。

真脂的主要生理功能为供给机体热能，供给机体必需的不饱和脂肪酸。例如，目前国内外比较流行的一种脂肪酸 CLA，它可通过大幅度降低人体内激素的分解与破坏，以提高人体内的激素水平，而达到肌肉促长的目的，对肌肉增长缓慢和肌肉力量不足的健美操练习者训练后服用有较明显的促进作用。

类脂是组织和细胞的组成成分，在运动员营养中有特殊的作用，有提高机体抗缺氧的能力。

在健美操运动实践中，关于脂肪代谢研究的总趋势认为，只有长时间运动时才能动员脂肪供能，随运动时间延长，脂肪供能比例会增加；运动训练可提高机体氧化利用脂肪酸供能能力；长期运动可改善血脂升高，降低血浆中的 LDL 含量，增加血浆中的 HDL 含量；长期运动可减少体脂的积累，改善身体成分。

（二）健美操运动的能量代谢

物质代谢和能量代谢是两个紧密联系的过程，在能量代谢过程中可使糖、脂肪、蛋白质等能量物质中所蕴藏的化学能释放出来，供健美操运动时所利用。测量能量代谢率，可以了解健美操运动的能量消耗程度，增加对健美操能量代谢的研究，为健美操训练的进一步科学化提供一些有价值的参考资料。

1. 氧热价和食物热价

食物在体内氧化过程中，每消耗一升氧所产生的热量，称为氧热价。而每一克食物完全氧化时所产生的热量，称为该食物的热价。

由于在各种食物中，碳、氢、氧三种元素的含量不同，因此各种食物在氧化时所消耗的氧量和产生的二氧化碳量都不相同。在人体内，糖、脂肪、蛋白质是同时进行氧化的，如果在氧化的物质中，糖含量多，氧热价就高。如果氧化的脂肪多，氧热价就较低。

2. 呼吸商

三大营养物质糖、脂肪、蛋白质在体内氧化时所产生的二氧化碳与所消耗的氧的容积之比，称为呼吸熵。由于三大营养物质的碳、氢、氧含量不同，所以在体内氧化时所需要的氧容积和所产生的二氧化碳的容积不同，因此呼吸熵也不一样。

运动员完成一套准备参加比赛时采用的竞技健美操套路后，呼出气中氧和二氧化碳的含量除六人操外，均表现为产生的二氧化碳的量超过了所消耗的氧量，呼吸熵均大于1，说明竞技健美操已从刚起步时的有氧代谢为主的运动过渡到了无氧代谢为主的运动。竞技健美操运动二氧化碳的产生量大于氧的消耗量表明在竞技健美操训练过程中，以无氧代谢为主，产生了大量的乳酸，而在消除乳酸的过程中，由碳酸氢钠与乳酸结合，生成碳酸，进一步分解为二氧化碳，从而增加了二氧化碳的产量。

3. 健美操运动过程中的能量代谢

健美操训练时，能量消耗明显增加，增加的幅度取决于健美操训练时的强度和持续时间以及健美操练习者的训练水平以及对新动作的掌握程度。

（1）ATP-CP 系统

磷酸肌酸（简称 CP）是贮存在肌细胞中与 ATP 紧密相关的另一种高能磷化物，分解时能放出能量。当肌肉收缩且强度很大时，随着 ATP 的迅速分解，CP 也随之迅速分解放能。肌肉在安静状态下，高能磷化物以 CP 的形式积累，故肌细胞中 CP 的含量约为 ATP 的 3~5 倍。尽管如此，其含量也是有限的，随着运动时间的延长，必须有其他能源完成供应 ATP 再合成才能使肌肉活动持续下去。

（2）糖无氧酵解供能

糖无氧酵解是机体处于缺氧情况下的主要能量来源。糖无氧酵解以肌糖原为原料，在把葡萄糖分解成乳酸的过程中生成 ATP。

无氧酵解供能的特点是不需要氧但产生乳酸，因此，竞技健美操在缺氧情况下仍能产生能量,以供体内急需时用。了解竞技健美操的糖无氧酵解能力的影响因素,能更好地为提高竞技健美操水平服务。

糖无氧酵解能力受以下几个方面的因素影响。

A.体内糖原的含量:当肌糖原的消耗超过一定限度时,糖酵解速度迅速下降,可以说糖酵解潜力的大小在很大程度上取决于肌糖原的含量的多少,因此,要想提高健美操训练者的糖酵解能力,增加体内肌糖原的含量是一个快速有效的方法。

B.人体对酸性产物的缓冲能力:在竞技健美操运动中,体内由于酸性产物过多而引起pH下降幅度过大时,可导致糖酵解的关键酶的活性降低,从而使糖分解能力下降。维持pH稳定的主要物质是体内的碳酸氢钠,当无氧酵解产生的酸性物质进入血液,与血浆中的$NaHCO_3$发生作用,形成碳酸(弱酸),碳酸又解离为二氧化碳由呼吸器官排出,从而降低了酸度,维持了血液的酸碱度。在健美操训练过程中,可以通过在训练过程中补充碱性饮料,增强机体对酸性产物的缓冲能力来提高无氧酵解的能力。

C.脑细胞对酸的耐受能力:在健美操训练中,当体内pH下降超过一定限度时,可导致神经细胞的兴奋性降低,运动能力下降。经过系统的健美操训练可使人体脑细胞对酸的耐受能力大大提高。具体表现为随意停止呼吸时间延长,而随意停止呼吸时间的长短是评定呼吸中枢对缺氧和二氧化碳增多的耐受性的重要指标。马鸿韬博士对不同健美操训练水平者随意停止呼吸时间长短以及随意停止呼吸结束时呼出气中二氧化碳含量的测试后发现,系统健美操训练可使随意停止呼吸时间延长呼出气中二氧化碳含量升高。说明训练可使脑细胞对酸的耐受能力提高。

(3)糖和脂肪的有氧氧化供能

高水平的健美操训练有氧能力可更快速、有效地消耗无氧代谢过程中积累的乳酸,因此,可以说有氧健美操的训练能力是竞技健美操训练能力的基础。总而言之,肌肉活动的直接能量来源是ATP,而肌肉活动所需能量的最终来源是糖和脂肪的有氧氧化。因此有氧健美操的训练非常重要,下面我们来了解一下有氧健美操训练的基础知识。

有氧健美操训练的最基本条件是充足的氧供应,空气中的氧首先经过呼吸器官而弥散入血液，红细胞内含的血红蛋白随即与氧结合，而后再经循环系统，使血液沿血管流到肌肉组织附近。这时红细胞释放出氧，氧又经过一次弥散进入肌肉组织，肌肉中的糖原、脂肪在酶的作用下利用这些氧进行有氧代谢。因此，氧从空气到肌肉的过程中，所经过的每一系统都可以成为它的影响因素。

A. 呼吸系统：肺通气量越大，吸入体内的氧量也就越多，这还与呼吸频率和呼吸深度有关。由于解剖无效腔的存在，在健美操训练过程中主要加大呼吸深度以消除解剖无效腔的影响，以提高氧进入体内的效率。

B. 血液系统：血红蛋白是执行氧运输的任务，血红蛋白的数量是影响有氧耐力的重要因素。正常人血红蛋白的含量为 12~15g／dL（男），11~14g／dL（女），如果低于这一限度，必将会影响到健美操练习者的有氧代谢能力。因此在训练过程中进行定期的测量，了解血红蛋白的含量是必要的，能及时发现问题及时解决，做到防微杜渐。

C. 循环系统：心脏泵血功能的好坏是影响有氧健美操训练的一个十分重要的因素，有研究表明，在训练的初期有氧氧化能力的增加主要依赖心输出量的增加。

D. 肌肉组织利用氧的能力：经过系统的健美操训练，肌肉组织利用氧的能力会明显增加，表现为动静脉氧差的增加。经过一段时间的健美操的训练，反应指标明显，由此可以判断健美操练习者的肌肉组织利用氧能力的高低情况。

3. 健美操训练对能量代谢的影响

通过系统的健美操训练，可以提高人体的供能能力，表现为在完成同样强度的健美操套路时，需氧量减少，能量消耗量也减少；也就是说，在完成同样的运动负荷时，有训练者消耗的能量较少。

系统的健美操训练，可使练习者进一步熟练掌握健美操的动作技巧，使完成动作过程中更协调自如，减少了多余动作，从而使能量的利用更加经济了。同时，系统的健美操训练也提高了呼吸、循环等系统的机能水平，工作效率的提高减少了消耗于供能器官本身的能量，所节省下来的能量就可更好地发挥在强度的保证上和难度动作的开发上。

二、健美操运动与心理学

（一）健美操运动的心理学特点

1. 健美操运动对心理过程的影响

参加健美操运动的心理过程是指参加者参与健美操的心理活动从产生、发展变化到完善的过程。

健美操锻炼是情绪的调节剂。每个人体内都有一种最有助于健康的力量，这就是良好的情绪力量。美国心理学家德里斯考发现，有氧运动能成功地减轻大学生们在考试期间的忧虑情绪。有人还发现，有紧张情绪的人，只要散步数分钟后，紧张情绪就会变得松弛下来。在整个有氧运动中，有成功的喜悦，有进步的满足，还有胜利的欢乐；改变环境，精神束缚感消除；大自然优美环境的刺激，可以使人产生心旷神怡的愉快心境。这些对人的心理和整个机体的健康，都是非常重要的。研究人的行为的心理学家认为，如果一个人相信，独立自主、具有高度自尊的良好自我形象是男子化的话，那么锻炼确实会使女子"男子化"；也就是说，锻炼可以使你有一个好的形象。总的来说，系统的健美操锻炼不但对生理功能有明显的促进作用，对心理健康也具有至少是同样的作用。

意志的自制性是善于控制或支配自己的行动。意志性这种品质表现在两个方面：第一是善于迫使自己去执行已经采取的决定，即积极克服在实现此决定中的一切困难；第二是善于抑制与自己的目的相违背的愿望。

意志的坚持性是在行动中坚持决定，百折不挠地克服一切困难去达到行动目的。坚持性这种品质的特征是在行动中不顾任何挫折与失败，不怕任何困难与障碍，总能以充沛的精力和坚韧的毅力顽强地坚持达到行动的最终目的。健美操运动能焕发人的精神面貌，陶冶高雅情操，使人能严格要求自己进行百折不挠的锻炼，这种锻炼身心的双重功效又催化他们以坚韧的毅力达到健美的目的。

2. 健美操运动对个性心理的影响

（1）经常参加健美操运动影响着下一代体育态度与行为的形成

家庭是社会的基本单位，它既是社会的经济单位，又是社会中各种道德的集中点。家庭是对儿童的性格形成起重要作用的最初环境，父母的态度和行为习惯等影响着儿童性格的形成。父母经常参加健美操运动，他们的体育态度、行为习惯等影响着儿童的体育态度与行为的形成，这能使儿童对体育运动的兴趣的培养、体育行为习惯的养成都起到非常重要的作用。

这种影响可能是终身的，这样也给儿童带来终身体育的观念，这种双亲体育性格的影响是巨大的。例如，像父母民主的态度就能促使儿童产生独立的、爽直的、协作的、亲切的和社交的性格，这对今后儿童的成长将起到很大的作用。

另外，在学校，传授健美操理论与实践知识的过程也是性格形成与发展的重要阶段。在性格形成的内部条件中，只有在积极的动机推动和不断的实际执行下，一切的行为方式，才能稳固地形成，从而成为性格特征。

（2）健美操运动能使人性格开朗、大方

性格是可以变化的。通过长期的实践锻炼、陶冶，人的性格特征是可以发生变化的。例如，有人对北京体育大学体育系健美操专业的学生进行的四年跟踪调查发现，胆小或是比较内向的人经过长时间的健美操训练和比赛，其性格发生了较大的变化，由原来的不爱说话到能流畅地表达自己的观点、主动地评述一堂课等人数的比例增加了26%。

个性，是一个人在其生理素质和个性心理特征的基础上，在一定的社会历史条件下，通过社会生活的实践锻炼与陶冶，逐步形成的观念、态度、习惯。妇女参加健美操活动不仅有身体的参与，而且还有智力、情感的投入，其自我认识、自我意识、自我发现的过程恰恰是个性形成和发展的过程：经过三个月有氧健美操的锻炼，妇女对审美、社交的追求分值提高了。吸引力和身体评价的分值都有所提高。

（二）健美操运动对人美感的影响

美感是关于客观事物或人的言论、行动、思想、意图是否符合人的美的需要而使人产生美的情感。健美操运动能给人带来大方、自然、协调与健康的美。美感的成分非常复杂，从体验上看它有两个明显特点：美感是一种愉悦的体验；美感是一种倾向性的体验。美感表现为对于美好事物的肯定，促使人去一而再、再而三地去欣赏它，对它感到亲切、迷恋。美感的高级情感都是在人的社会性需要的基础上产生的，是为人所独有的。这些情感在人的整个情绪生活中占主要地位，对人类生活起着十分重要的作用。

三、健美操运动与解剖学

（一）健美操运动对人体结构的影响

1. 对肌组织的影响

（1）增大肌肉体积

通过健美操运动能够让人体的肌肉体积增大。不同的健美操运动项目对肌肉体积增大的影响不同，肌肉体积增大的原因是由肌纤维粗细和肌纤维数目增多造成的。

（2）减少肌肉脂肪含量

一般在活动不多的情况下，肌肉表面和肌纤维之间有脂肪堆积。肌肉内的脂肪在肌肉收缩时会产生摩擦，因而降低了肌肉收缩的效率。通过健美操运动，特别是健身健美操运动，可以减少肌肉蕴含的脂肪，从而提高肌肉的收缩效率。

（3）扩增肌肉毛细血管数量

健美操运动可以使骨骼肌内的毛细血管在数量或形态上都有所改变，肌纤维之间的毛细血管平均分配数量在健美操运动后增多。肌肉中毛细血管的增多改善了骨骼肌的血液供给，从而提高了肌肉的工作能力，有利于肌肉维持长时间紧张持续地活动，延缓肌肉疲劳。

（4）肌肉内成分发生变化

长期坚持健美操运动，肌肉组织内的化学成分可发生变化，如肌糖原、肌球蛋白、肌动蛋白、肌红蛋白、水分等含量均有所增加。肌球蛋白和肌动蛋白决定着肌肉的收缩能力，这些物质的增多对肌肉收缩能力的提高具有促进作用，而且还使三磷酸腺苷（ATP）酶的活性加强，加快了分解速度，及时供给肌肉能量。肌红蛋白可以与氧结合增加肌肉内氧的储备量，使肌肉在耗氧量很大的情况下，有利于肌肉继续工作。肌肉内水分增加，有利于肌肉内氧化反应的进行，有助于肌肉力量的增长。

（5）肌肉延迟性疼痛

许多人参加健美操运动后发现，在锻炼完后并没有感觉肌肉的酸痛，但是在第二天或第三天便会出现酸痛症状，持续 2~3 天后才逐渐缓解，这种疼痛就叫作延迟性肌肉疼痛。肌肉延迟性疼痛一般是在运动后24~72小时达到酸痛顶点，5~7天后症状消失。除酸痛症状外，还有肌肉僵硬，轻者仅有压疼情况；重者会出现肌肉肿胀，妨碍活动。任何骨骼肌在激烈运动后均可发生延迟性肌肉疼痛。

2. 对骨形态结构的影响

健美操运动中经常会有跳跃性的动作，跳跃动作会导致胫骨发生变化，前缘骨壁增厚非常明显，而且在掌骨干（在支撑动作中）承受负荷，因此骨干部变化较大。经常性地进行跳跃对跖骨和趾骨也有较大影响，各跖骨和近节趾骨的长度、横径及骨壁厚度均大于一般大学生；第Ⅱ跖骨内侧壁最厚，依次为中心，向内外侧递减，而第Ⅰ跖骨壁为外侧壁大于内侧壁。

对于其他的骨形态结构，骨周围肌肉活动得越多，骨在尺度上增长得越明显。一般来说，长期、系统、科学地从事健美操运动训练，可使骨密度增厚，骨径变粗，骨面肌肉附着处突起明显，骨小梁的排列随张力和压力的变化更加清晰而有规律。健美操运动能增强骨的新陈代谢，改善血液循环，从而在形态结构上产生良好的适应性变化。随着形态结构的变化，骨变得更加粗壮和坚硬，提高了抗折、抗压缩和抗扭转方面的能力，有利于身体各方面的身体素质和运动效果。

经常进行健美操运动还能让韧带在骨骼上的附着部位变得更粗壮，这都有利于肌肉、韧带能更牢固地附着在上面。所有这些变化对骨骼承受外力都具有很好的作用。经常参加健美操运动，机械力对骨中的钙质沉积又有极其良好的作用，所以，大学生经常参加健美操运动不仅有助于身体长高，而且可以增加骨的峰值骨量。所谓峰值骨量，是指一生中所达到的最大骨量。通常从出生到23岁左右骨量持续增长，年增长率男约为2.2%，女约1.9%，从23岁到30岁，骨量仍缓慢增加，年增长率0.5%~1%。超过30岁骨量达高峰，以后随年龄增加而逐渐减少。

3. 对关节形态结构的影响

系统的健美操运动让骨关节面的骨密质增厚，从而承受更大的负荷。短时间的运动可使关节软骨肿胀，运动停止后肿胀消失。这种变化在大学生运动时比较明显，这种关节软骨的增厚有人研究是由于软骨基质和细胞吸收液体的结果。

软骨是一种黏弹性材料，内有孔隙，组织间隙充满了液体，在应力作用下，这些液体可流进或流出软骨组织。这是无血管组织获得营养的重要途径，适宜的运动创造了这种环境，为软骨获得养分并经久不衰提供了一定条件。通过实验证明，健美操运动可以使肌腱和韧带增粗，在骨附着处直径增大，胶原含量增加，单价体积内细胞增加。

（1）增强关节的稳固性

经常参加健美操运动，关节周围的肌肉力量增强，关节软骨和关节囊增厚，韧带增粗，能增强关节的稳固性。在骨附着处直径增大，胶原纤维量增加。

（2）增大关节的运动幅度和灵活性

通过健美操运动，参与关节运动的原动肌力量得到增强，对抗肌的伸展性提高，同时关节囊、韧带的伸展性也得到提高，故关节的运动幅度增大、灵活性提高。

研究证明，在进行伸展性健美操练习时，关节运动幅度增大，提高了关节的灵活性，但是只能保持8~10周，长期不活动会降低关节运动的幅度和灵活性。因此，要长期坚持健美操运动。

关节的稳固性和灵活性是一对矛盾，肌肉力量大，韧带、肌腱、关节囊增厚，对关节稳固性和防止关节损伤有利，但给关节的灵活性却带来了一定的影响。因此，在健美操运动中要处理好关节的稳固性和灵活性的关系。即在发展肌肉力量的同时，要配合发展其伸展性动作的练习，使关节的稳固性和灵活性得到同步的发展。

四、健美操运动与美学

健美操作为艺术表演性项目，运动员恰如其分地化妆，选择得体的服装，佩戴富有灵气的装饰物，将会大大增加健美操的视觉美感。因此，表演者的装扮是否适宜也能直接影响到健美操整体的美，是健美操美必不可少的条件。健美操的服饰除应符合国际健美操规则对运动员健美操服饰规定外，还应根据比赛场地、运动员的体形和皮肤颜色等方面选择更合适、更美观的比赛服装。

创编健美操要遵循各美学的基本原理，除了健美操的技术要求之外，健美操的创编者、表演者和舞台的设计人员还应具体遵循以下基本要求。

（一）创编者

1. 要善于把握时代主题，使创编风格与动作紧跟时代步伐

艺术来源于社会，又服务于社会，是以反映时代主题为主的。作为健美操的创编者，实际上是健美操艺术的创造者。其应该善于分析当今时代主题，这实际上就是确定健美操所反映内容的思想性问题。只有把握了这些，并把它融入创作中，使创作的整套动作符合社会的主题，迎合人们的审美需求，才能够得到社会的接受、人们的认可，最终实现健美操美的传播。

2. 在创编动作时，充分了解不同对象的审美需求

人们的审美需求往往会因人们的年龄、性别、受教育程度、职业的性质等而有所不同。比如，青年人更喜欢充满激情、活泼、个性张扬的风格，而老年人却更倾向于动作舒缓大方、健康稳重的风格；男子更倾向于追求阳刚美、力量美，而女子则乐于阴柔美、韵味美；教育程度高的人更看重健美操的内在美、抽象美等。创编者要重视这些审美需求差别，以满足不同对象对美的需求，也只有考虑到人们的差别，才能真正在人们中实现健美操不同类型的美。

3. 动作的设计风格、音乐选择、难度要考虑到服务人群的年龄与性别特征

依据人们参加健美操运动目的的不同，健美操可以分为竞技健美操、表演健美操和健身健美操。竞技健美操的参加对象主要是青年男女，其目的是在比赛中取胜，可其制胜因素是"难、新、美"；表演健美操的目的是通过艺术的表演愉悦人们特定的审美需求，它主要是以表演的"艺术性"展示人的身体和精神的美；而健身健美操则主要是通过练习达到强身健体的目的，塑造人体美的形象，不追求难度，而主要强调锻炼的效果，这类项目适合各个年龄人群。针对上面的分析，创编者设计动作的风格时，要根据健美操的不同类型，练习者的年龄、性别进行音乐选择、难度设计和负荷强度大小，以达到人们从事不同类型健美操美的实现。所以，健身健美操动作的设计编排必须遵循全面发展身体，符合对象特点、安全无损伤、健身娱乐等原则；竞技健美操以竞技为目的，有特定的规则和评分办法，需完成一定的难度以及连续复杂的、高强度动作；表演健美操设计更要注重艺术的美等。

（二）表演者

1. 表演时，注重"形"美与"神"美的高度统一

健美操作为艺术表演为主的运动项目，它同散文一样，高度重视"形"与"神"的统一。所谓健美操的"形"美是指表演者人体外在美的表现，是通过表演者强健而匀称的身体，以及身体姿态、动作等展示美；所谓健美操的"神"美是指凝聚、糅合在健美操"形"美中的内在美、气质美和抽象美，是通过表演者在音乐的配合下，把健美操的思想内容和自己对健美操美的理解，以及表演者自身的人格魅力、思想境界等凝聚在一起所共同表现出来的美。所有这二者的美，都是通过表演者的表演效果表现出来的。因此，作为表演者一方面要通过不断地进行强化练习，达到技术熟练，形体优美，来实现健美操的"形"美；另一方面，表演者更应深入领会蕴含在整套中的思想内容，使自己所流露出的情感尽可能地贴近创编者的初衷，从而实现健美操的"神"美。最后，把健美操的"形"美和"神"美高度地统一起来，体现整个健美操的美感。

2. 重视与观众的情感交流与互动

"情感的交流、相互的理解"是传达美的最好途径。今天，但凡是艺术表演的项目，表演者都非常重视同观众的交流，而交流的手段则是同观众的互动。这既是烘托现场气氛的需要，更是表演者与观众思想交流、美的传播的有效途径。"眼睛是心灵的窗口"，因此，健美操重视与观众的眼神的沟通，要善于通过身体语言来表达思想语言。做到这一点的最高境界是，健美操的表演者能激发观众与他或他们以相同的音乐节奏一起欢呼，一起呐喊，一起舞动。这也是竞技健美操运动员比赛中取得高分的关键，是表现健美操表演成功的"显著特征"。

3. 动作表演雅而不俗、激情而不放荡

同前所述，健美操的最大特点就是动感、激情、充满极大的活力，这正是健美操受人喜爱的重要原因。尤其是竞技健美操和表演健美操更充分显示当今青年男女个性张扬的特征，动作适当的夸张、张扬正反映了当今社会是个充满生机和活力的社会。作为健美操运动员或表演者一定要抵制不良风气，要以高雅的气质、高度娴熟的技术、舒展健美的身体等赢得观众的掌声，从而把健美操的美给观众展现得淋漓尽致。

（三）舞台设计者

1. 舞台主题设计应反映比赛或表演的主题

通常，每次健美操比赛都有一定的主题，并且不同类型的健美操比赛突出的主题是不一样的。那么，作为健美操比赛或表演的物质载体——"舞台"的设计也同样要突显比赛的主题。比如，以"走进健身房，跳出青春与活力"为主题的"2002年全国健身俱乐部健美操电视大赛：其比赛场地的设计就是以健身房为舞台，舞台设计主题突出了健身房这一特定的健身场所，其目标是促进健身俱乐部的健康发展，吸引更多的人群参与健美操运动；展现健康魅力，演绎花样年华"是"新世纪健康形象大使健美操大赛"的比赛主题，其比赛舞台设计突显了"男女青年充满活力、健康、高雅"的主题；"时尚的运动，青春的专利"是"首届全国健身街舞电视争霸赛"的主题，其舞台设计就突出了"青春、活力、时尚"主题；"2002年百所大学健美操大赛"的主题是"丰富校园文化娱乐生活，树立当代大学生新形象"，对应的其舞台设计就突出了"倡导健康、文明、积极向上"的主题等。所以，作为舞台设计者一定要根据比赛的主题确定舞台设计的主题，以实现舞台设计为比赛主题服务。

2. 舞台设计应符合健美操比赛场地的规则要求

对于正式的竞技健美操比赛，比赛规则对比赛场地有明确的要求。规则规定：健美操比赛场地为7米×7米，六人操场地为10米×10米，赛台高100~150厘米，后面有背景遮挡，赛台不得小于9米×9米，并清楚地标出7米×7米的比赛场地，标记带为5厘米宽的红色带，标记带包括在7米宽的场地内，也就是说，标记带是场地的一部分。因此，在设计正式的健美操比赛场地时，要严格按照比赛规则的要求进行设计。

3. 舞台的色彩搭配、装饰风格应综合考虑季节特点、比赛或表演的场所

这实际上是第一个问题的延伸。设计者在考虑比赛的主题外，还应根据一年中季节的不同、比赛或表演的场所等不同，设计出色彩搭配适宜、装饰风格独特的舞台效果，并要考虑白天和晚上灯光的设计。比如，阳春三月在杭州西湖举行的健美操比赛，舞台设计色彩就要突出春天的生机和绿意，装饰要显示出比赛所在地西湖特有的风光等。

第三节　健美操在高校开展的意义

一、健美操运动的意义

健美操作为一项集健身、表演、竞技、娱乐于一身的新兴体育运动项目，深受广大群众的喜爱。而随着社会经济的不断发展，人民的生活水平也得到了很大的提高。而随之带动的是人们对健康、休闲、娱乐的需求也不断扩大，要求也越来越高。人们开始对体育运动越来越重视，并从心态上发生了本质的变化，从以前的被动接受逐渐转变为主动参与。而这一条件也促使了健美操运动的地位不断提升，人们开始积极参与健美操运动，体会健美操运动带来的快乐和健康。同时随着大众健身思想的不断深入，健美操运动已经成为人们平时健身的主要项目之一，是大众健身中的一个重要组成部分。而在许多学校也将健美操运动纳入了体育健康教学的计划中，使专业的健美操知识在学校得到了很好的发展，培养了一大批健美操运动的后备人才。健美操运动在我国的体育健身事业中发挥着重要作用，并且其具有的发展意义是非常深远的。

二、健美操运动丰富了校园文化生活

体育几乎是伴随着人类社会文明的出现而产生的，它在人类社会文化发展的历程中起着至关重要的作用。现代社会，体育健身已经成为人们业余时间的主要活动，它可以帮助参与者达到强身健体、娱乐身心、促进交流的目的。而随着我国健美操运动的快速发展，它在人们生活中的普及度越来越高，并且越来越多的专业健美操比赛也出现在人们生活中。而在高校，健美操运动再也不仅仅是以教学的形式出现。其独特的表演性，使得它在高校的校园文化活动中站稳了脚步。不管是在重大的学校文化活动，还是学校比赛中，都会看到优美、快乐的健美操表演。而且随着高校健美操运动发展的不断加深，一些高校间的健美操比赛也受到了广大学生的青睐。学生为了准备比赛或表演，会付出一定的时间和精力，但这同时也是健身和娱乐的过程，同时表演又满足了学生的自我表现欲望，达到了娱乐身心的目的。对观众来讲，观看比赛和表演本身就是一种娱乐欣赏行为。在表演过程中，学生运用精湛的健美操技艺、强健的体魄，充分展现了健美操运动的特点。这也吸引着更多人参与到健美操运动中来，使得学生的校园文化生活变得更加丰富多彩。

三、健美操运动能塑造学生体形

我们通常可以将"形体"分为姿态和体型两个部分。其中姿态多受后天因素的影响，也就是我们平时所表现出来的行为习惯。而体型则是我们身体的外形，在长时间的体育锻炼过程中，我们可以使体型外貌得到一定的改善，但无法代替遗传因素对其起到的决定性作用。在健美操运动中，由于其技术动作的要求和身体姿态的要求基本与我们日常生活中的状态相一致，因此，学生可以通过长期的健美操训练来改善自己的不良身体状态，形成优美的体态，在日常生活中表现出一种良好的气质与修养，给人以朝气蓬勃、健康向上的感觉。而健美操运动还可以在已有基础上，使学生的体型变得更加健美。尤其是在健美操运动的力量练习中，可以帮助学生增粗骨骼，增大肌肉的围度，使一些先天的体型缺陷得到弥补，帮助学生锻炼出健美匀称的体型。同时，由于健美操运动是一种很好的有氧健身运动，因此长期进行健美操练习可以有效消除学生体内和体表的多余脂肪，维持人体吸收与消耗的平衡，降低体重，保持健美的体型。

四、健美操运动能促进学生的心理健康

现在我国高校学生的学习压力越来越大，加上即将步入社会面对更加激烈的社会竞争。许多大学生出现精神压力过大，而造成焦躁等不良的心理状态。而体育运动是一种很好的舒缓压力的方式，缓解精神压力。而健美操在这方面的功能更加突出，它以其动作优美、协调、全面锻炼身体，同时有节奏强烈的音乐伴奏而成为一种舒缓精神压力的有效方法。学生可以在轻松优美的健美操运动中，忘掉那些失意和压抑的事情，而将注意力从这些烦恼的事情上转移到享受健美操运动带来的欢乐上来，使自己的内心得以安宁下来，缓解精神压力，用更强的活力和最佳的心态去迎接生活。另外学生在健美操运动中可以增强自

己的人际交往能力。这在高校生活中非常重要，它不仅可以使学生之间培养出更多的友谊，同时还可以在广泛的交流中找好正确的心态去面对高校生活中的所有压力，轻松地生活。所以健美操锻炼不仅能强身健体，还具有娱乐功能，能使人在锻炼中得到一种精神享受，满足人们的心理需要。

第四章 健美操运动的教育思想

第一节 科学教育思想

一、健美操运动要坚持自觉积极性原则

自觉积极性原则是指健美操锻炼者有明确的健身目标,能充分认识健美操运动的锻炼价值,并自觉积极地从事健美操锻炼活动。健美操锻炼是一个自我锻炼、自我完善,并需要克服自身的惰性,战胜各种困难的过程。同时,健美操锻炼者还要有一定的作息制度做保证,把健美操锻炼当作生活中不可缺少的一部分,才能奏效。

如何提高健美操锻炼的自觉积极性?

(1)明确"生命在于运动"的科学道理,树立正确的健美操锻炼目的,把健美操锻炼当作是日常学习和生活的自觉需要,激发健美操锻炼的主动性,从而调动健美操运动锻炼的积极性。

(2)培养兴趣,兴趣是人们认识事物和从事活动的倾向。当一个人对一项体育活动产生兴趣时,就会对这项体育活动表现出极大的主动性和自觉性,从而做到身心融为一体。

二、健美操运动要讲求实效原则

讲求实效原则是指在选择健美操锻炼的内容、方法和安排运动负荷时,应根据个人的性别、年龄、职业、健康状况,对健美操锻炼的爱好、要求和原有

的基础,以及生活条件等实际情况来确定,按科学方法进行健美操锻炼,以取得最佳的健美操锻炼效果。

如何在健美操锻炼中讲求实效?

(1)根据个人实际情况,制订一套适用可行的健美操运动锻炼计划或运动处方,执行时应当严格,并注意阶段性的调整。

(2)选择健美操运动锻炼内容时,要注意它的自身价值,不要追求动作的形式,以及在力所能及的情况下去从事高难度技术动作的训练,而应选择简便易行、健美操运动锻炼价值大、效果好的身体练习,作为身体健美操运动锻炼的主要内容。

(3)安排运动负荷时,以健美操运动锻炼者能承受和克服的难度,一般自我感觉舒适和不影响正常学习、工作和生活为准(计量标准见运动负荷价值阈理论)。

三、健美操运动要坚持持之以恒原则

持之以恒原则是指健美操运动锻炼必须经常性进行,使之成为日常生活中的重要内容。健美操运动锻炼对机体给予刺激,每次刺激都产生一定的作用痕迹,连续不断地刺激作用则会产生痕迹的积累。这种积累使机体结构和机能产生新的适应,体质就会不断增强,动作技能形成的条件反射也会不断得到强化。因此,健美操运动锻炼贵在坚持,不能设想在短时间内取得显著效果,必须得长久地积累。

如何才能使健美操运动锻炼持之以恒?

(1)根据个人能力所及,确立一个能够实现的健美操运动锻炼目标(不宜太高),制订一个切实可行的健美操运动锻炼计划(能长期坚持)。

(2)强化健美操运动锻炼意识,把健美操运动锻炼列为日常生活内容,定期保证能有一定的健美操运动锻炼时间,逐步养成习惯,使健美操运动锻炼成为生活的重要组成部分。

(3)健美操运动锻炼的效果并非一劳永逸的,如果健美操运动锻炼间隔时间过长,效果就会不明显。因此,每次健美操运动锻炼要坚持安排合理的健美操运动锻炼间隔。

四、健美操运动要遵循循序渐进原则

循序渐进原则是指健美操运动锻炼必须遵循人体自然发展、机体适应的基本规律，从不同的主客观实际出发，合理安排运动负荷，在渐进的基础上提高健美操的运动锻炼水平。在健美操运动锻炼过程中，运动负荷的大小能直接影响人体机能的变化，负荷是否适宜，对健美操运动效果的好差能起很大的作用。运动负荷的大小因人、因时而异。即便是同一个人，在不同的机能状态、不同的时间，人体对负荷的承受能力也不尽相同。因此，进行健美操运动锻炼时应循序渐进，随时调整运动负荷，逐步提高健美操运动的锻炼水平。

如何贯彻循序渐进的原则？

（1）健美操运动锻炼戒急于求成，必须根据健美操运动锻炼者自身的实际情况来确定运动负荷的大小，做到量力而行，尤其要注意健美操运动锻炼后疲劳感的适度。

（2）运动负荷应由小到大，逐步提高。开始从事健美操运动锻炼或中断健美操运动锻炼后，恢复健美操运动锻炼时，强度宜小，时间宜短，密度适宜。

（3）注意提高人体已经适应的运动负荷，使体能能够保持不断增强的趋势。一般应在逐步提高"量"的基础上，再逐渐增大运动强度，使之适应感到胜任的愉快，然后做相应的调整。

（4）健美操运动开始时，重视准备活动；健美操运动结束后，做好放松整理活动。

（5）缺乏一定健美操运动锻炼基础的人，或中断健美操运动锻炼过久的人，不宜参加紧张激烈的比赛活动。

五、健美操运动要坚持全面性原则

全面性原则是指健美操运动锻炼必须追求身心全面和谐发展，使身体形态、机能、身体素质及心理素质等方面得到全面协调的发展。人体是由各局部构成的一个整体，各局部均按"用进废退"的规律发展，健美操运动锻炼能促进新陈代谢的普遍旺盛，使身体各系统、组织、器官的和谐发展，达到身体相对的完善和完美。

怎样才能做到全面健美操运动锻炼？

（1）身心的全面发展，要从适应环境、抵御疾病的能力，改善机体形态、提高机体功能、陶冶心情、丰富文化生活等方面着眼。

（2）健美操运动锻炼的内容、方法要尽可能考虑身体的全面发展，一般以一些功效大、兴趣较浓的运动项目为主，以其他项目为辅进行全面健美操运动锻炼。

（3）注意全身的活动，不要限于局部。

（4）在全面健美操运动的基础上，有目的、有意识地加强专业实用性的健美操运动锻炼。

以上各项原则是相互联系的，在实际运用中，不可顾此失彼。

六、健美操运动要选择合理的锻炼时间

健美操练习一年四季均可进行，可根据个人的学习、工作、生活及习惯等情况选择适宜的时间进行锻炼，但切记不要在下列情况下进行锻炼。

1. 空腹和饱食后

如果长期空腹锻炼，就会导致体重急剧下降，脏器功能受损，产生疾患，影响健康。饱食后不适宜做任何的体育运动，饱食后的剧烈运动容易使得胃部不适或者造成更严重的问题。所以，如在饭前练习要休息半小时才能用餐，饭后练习则要休息1小时以上才能进行。

2. 临睡前

晚上练习，要在临睡前两小时结束，以免因过度兴奋而影响入睡。

3. 准备活动不充分时

充分的准备活动能使关节、韧带、肌肉温度升高，增加身体灵活性，提高神经系统的兴奋程度和心血管活动水平，从而防止运动伤害的发生。所以，准备活动不充分时不宜进行健美操锻炼。

4.身体疲劳时

身体疲劳时应立即停止锻炼,不要勉强。如果勉强锻炼,不仅不利于健身,反而会给身体健康带来不良影响。若出现的疲劳症状较轻,则可以采用适当的休息或调整锻炼负荷及缩短锻炼时间等方法进行调节缓冲。

第二节 美学教育思想

一、健美操运动的美学原理

美的基本形式主要表现为整齐、对称、比例、均衡、对比、和谐、层次、节奏、多样统一等方面,为健美操创编者创编健美操提供了丰富的美学理论基础。

根据健美操的定义可知,健美操有三个方面的含义:第一,健美操是以裁判员依据规则评分为主的体育运动项目,这决定了健美操美的创造要遵循体育美学的标准和要求;第二,健美操同音乐、舞蹈等项目一样是以艺术表演为主的观赏性项目,这决定着健美操美的实现要遵循艺术美学、音乐美学以及人体装扮美学的基本要求;第三,健美操是以达到健身、健美和健心为目的的娱乐、观赏型体育项目,这说明健美操只有达到塑造身体形态美、健康美,并符合当今社会对美的追求,健美操才能健康、稳定地向前发展。

从健美操概念的三个方面的内涵可以推出,健美操的美是受着体育美学、艺术美学、音乐美学、人体装扮美学、人体形态美学和当今社会人们的审美观等诸多方面美学理论的影响。如何根据各方面的美学原理,设计和创编出更符合人们对美的需要的技术动作和套路,将是健美操得到进一步发展的生命源泉。

为此,在设计和创编健美操时应主要遵循以下各方面的美学原理。

(一)体育美学中的"技术美"决定着健美操运动技术的发展方向

1.体育美学中的"技术美"

运动技术,是充分发挥人的机体能力,合理有效地完成动作的方法。体育技术之美,就在"合理、有效"之中,就在运动过程中发挥的完美程度中。在体育运动中,发挥人的机体能力的方法越合理有效、完美程度就越高,运动技术的审美价值就越大。运动技术之所以能给人以美感，是因为运动技术是人们在体育领域里所进行的一项巨大的创造性活动，是人们运用已有的知识和能力作用于运动系统的过程，是真善美的统一表现。例如，体操运动项目，凡是运动员创造出的新动作都以他的名字来命名，像吊环李宁、月久空翻等。这就进一步说明了技术既是人类向自然显示自身力量的过程，又是向自身挑战的过程，是人类本质力量的体现。这就是健美操运动技术美的主要源泉。

体育技术美是人的运动技术水平，以及体态美、素质美、动作造型美的综合体现。也就是说，体育运动中健美体型的充分展示和运动素质的有力发挥，表现在干净、利索、准确优美的体育动作完成过程中。技术美的特点表现在：准确性、协调性、连贯性、优美的节奏感以及实效性的特点。

体育技术美主要通过"动作美"来表现。动作美是由身体姿势、轨迹、时间、速度、力量、节奏等因素组成的，是一种动态的美。人体运动是体育存在的方式，体育美必须通过优美、细腻、柔软、精巧、刚健、雄劲、明快、敏捷等各种人体动作及其组合来塑造美、创造美、表现美。动作美在体育美学中如同经济学中的"商品"、生物学中的"细胞"一样处于基础地位。动作美的特点在于准确、干净、协调、连贯、节奏感强，给人一种完美、无懈可击的感觉。应特别注意的是，运动技术的"创新性"是健美操运动技术美的源泉。

2. 体育美学中的"技术美"对健美操运动技术设计与实现的"导航"作用

健美操作为现代体育项目的宠儿，在技术动作创编时应注意每一个动作的构思，确保技术动作的创新性，更应以其技术动作的"难、新、美"来适应社会新的发展，进而满足人们新的美的追求。健美操应根据体育美学的要求，创造自身特有的"技术美"，并在表演时展示出"技术美"。其具体要求如下。

（1）"动作美"的设计与实现是健美操技术美的核心

动作优美是健美操"技术美"的关键。这种美要通过身体运动形式所表现出来，即根据动作时间、空间、力度的影响，在方向、速度、力度上表现出来。运动员或锻炼者应运用内力并巧妙地借助外力的作用控制着身体动作，表现出姿态美、时空变化美、力度美、韵律美等。在这种优美的身体律动中，向人们展示出优美和谐的动作美。

①基本动作必须标准、规范

健美操是一项以美取胜的竞技项目，美是健美操的最高旨趣，要想做到动作美，基本动作必须标准、规范。根据健美操竞赛规则的要求，运动员在比赛中必须完成一些特定的、不同类型的难度动作（动力性力量、静力性力量、跳跃、踢腿、平衡、柔韧）和具有健美操特色的操化动作及基本步伐。这些特定动作的选择与完成，不仅是运动员完成技术动作能力的展示，而且也是体育运动美的最高级形式。整套动作的编排的美观大方是取胜夺冠的关键因素之一。

健美操"动作美"是通过个体或群体以形体运动的形式表现出来的。运动员要协调巧妙地运用训练有素的内力及柔韧性控制完成各种不同的身体姿势，表现出特别能具体体现健美操运动风格的造型美、柔软美、力量美、难度美以及新颖美等。同时在完成成套动作的过程中每个单个动作的完美无缺、衔接动作的自然流畅以及适宜的动作幅度是健美操运动所特有的美学要求。例如，动态形式中表现空中变化的大跳成俯撑、空中转体成俯撑、单臂移动俯卧撑，表现柔软的各种劈腿、劈叉和表现静态形式中大量的人体静态造型，如单臂分腿高直角支撑等静止造型充分展示了运动员良好的身体素质。这些动作位置高低的变化、速度的变化、层次的变化、幅度的变化，共同构成了健美操所特有的一种风格和美学特征，使人们产生了惊险、意外、刺激的情绪美。

②运用力学规律，展示美的意蕴

健美操动作美的形成，与人体运动的形态有着密切的联系。因此，运动员必须要了解动作运动的轨迹、方向、路程和时间及平衡等概念，仅了解这些特征是不够的，还必须理解改变运动的原因和它们之间的联系以及正确的发力方法，包括内力和外力的运用、肌肉拉力的运用等。我们经常运用表现力量的直角支撑转体720°，正是力学原理在健美操中的具体表现。只有充分理解用力地方法，才能更快、更好地掌握动作技术，展示美的意蕴。

③造型美表现在动静结合上

健美操丰富多彩的节奏变化，主要表现在动与静的动作造型上。动，是产生出流畅、变幻的美，使人目不暇接。静，是以显示力量、稳健、平衡之美，是以热烈、奔放的生命律动为反衬，它一旦塑成，就好像时空停顿在一个"定格"中一般，会引起人们对健美操美的悠悠遐思。

（2）重视塑造运动员的姿态美

姿态美是人体具有造型性因素的静态美和动态美的综合表现，是身体各部分配合而呈现出来的外部形态的美，它反映一个人的风度和气质。优美的体态，即良好的身体姿态，尤其是身体活泼、流动的动态美。

要做到健美操的"姿态美"，对每个动作都有特别的要求，应以超难度技巧，独特新颖的编排、舒展大方的动作、各式各样的造型及协调一致的音乐配合等因素来展示姿态美。编排健美操时，每个动作、造型的选择一般都要考虑到运动员身体形态以及运动员做该动作所表现出来的身体姿态。例如，健美操对支撑类动作的要求是：每个支撑动作必须保持2秒钟；支撑转体时必须完整；所有的直角支撑动作，腿必须垂直；高锐角支撑动作，后背必须与地面平行；所有的水平支撑动作身体不能高于水平45度。

无论是竞技健美操还是健身健美操，姿态动作都应自然大方，充满朝气和活力，并要贯彻体育美学中"立如松，坐如钟，卧如弓，行如风"人体姿态美的要求。健美操要贯彻"立如松"是指要求健美操运动员或锻炼者不管是在开始的站立姿态，还是亮相或结束动作要如松树般端正挺拔，头、颈、躯干和脚的纵轴应在一条垂直线上，抬头平视收下颌，立颈挺胸收腹，沉肩两臂自然下垂，臂部紧缩而双腿上拔，使男子充满力量感和"男子汉"气概；女子则亭亭玉立，富有弹性感和宁静感，还有一种豪爽英气，别具现代女性的魅力。"坐如钟"是要求健美操运动员有坐姿时，要如铜铸大钟般端正稳重，挺胸收腹。"卧如弓"是要求运动员在有倒地动作时，要协调自然，轻松自在。"行如风"是要求运动员行走时，步态如清风般轻松快捷，不要拖沓滞重，给人一种十分沉重的感觉，从而破坏美的享受。

（二）舞蹈艺术美学给健美操表演的艺术特点和艺术表现力提供了有益借鉴

任何一种舞蹈艺术都是人类物质和精神生活的载体。舞蹈是以人的形体动作为基础表现手段来塑造形象、表情达意的表演艺术。具体地说，舞蹈是以表演者自身的形体动作、姿态、造型等为传达媒介，通过人体动作在幅度、力度和角度上的变化、运动为艺术语汇，表现出人的内心情感、审美追求以及时代精神的表演艺术。

1. 舞蹈艺术的美学特征

（1）动作性、韵律美

舞蹈是以人体为媒介的艺术，人体的动作姿态是舞蹈艺术最基本的元素。在舞蹈艺术中，表演者、表现手段和创作成果是三位一体的，都是人本身。舞蹈艺术的美，是在动作流动中展现的人体的姿态节律的美，诸如形体美、造型美、技巧美及情绪美等。造型美，是指舞蹈运用造型性手段把一个个生活片段连续起来，塑造出各种活生生的动态形象。舞蹈动作进行中一瞬间的造型停顿，可以在一定程度上弥补舞蹈动作转瞬即逝的遗憾，加强观众的记忆和印象。舞蹈借助音乐节奏旋律的变化来表达舞者不同的内心情感，并借助音乐的结构来组织舞蹈自身的结构和进程，这样才能跳得有弹性、有情趣、有韵味。

（2）程式化和虚拟性

舞蹈是感情冲动达到极致时的身体表现。在长期的发展演变过程中，有一些最富于表现力和感染力的形体动作逐渐规范化、序列化和风格化，形成舞蹈中一整套相对固定的动作姿态和审美情趣。例如，中国的古典舞，就十分重视手、眼、身、法、步的统一。讲究形神兼备、刚柔并济、虚实相兼、动静结合，要求行如走蛇，动如脱兔，急似闪电，慢似浮云，转若游龙，翩若惊鸿，轻如海燕，稳若磐石，一静一动，有姿有势。舞蹈动作的程式化，是舞蹈发展到较为成熟阶段的产物，它丰富和提高了舞蹈动作的表现手段，使舞蹈动作显得规范整齐、活泼自然，并较稳定地传达一定的情感意蕴，有助于舞蹈风格的形成。这在古典舞、芭蕾舞中更为明显。

（3）表演的综合性

舞蹈虽不属于综合艺术，但在表演时也有不少综合性特征。例如，舞蹈动作在短暂停顿时，具有明显的雕塑意义，以至于西方的舞蹈家认为，舞蹈家的任何瞬间都该是雕塑家的模特。舞蹈同音乐更是密不可分的孪生姐妹，音乐是舞蹈的灵魂，音乐中包含了并决定着舞蹈的结构、特征和气质。节奏常常靠音乐伴奏和指挥。此外，在舞蹈中，造型艺术也必不可少。舞蹈的服饰、道具，使舞蹈的形象更具体鲜明；舞台美术、灯光配备等，表演起烘托气氛的作用。

2. 舞蹈艺术美学为健美操的艺术设计和艺术表现力提供的借鉴

从艺术角度上看，健美操与舞蹈艺术美实际上是统一的，是人的本质在实践中的感性显现。舞蹈艺术的概念是指各种舞蹈艺术的总和,通过表演动作创造艺术形象。而健美操的诞生源于人们对健美身体的追求,是体操、舞蹈、音乐逐步结合的产物。健美操竞赛或表演中,运动者强烈实现的是造型美、体态运动美、意志个性美,或优雅或刚健,或缥缈或深沉。

动作是构成健美操最基本的元素。健美操也与舞蹈一样是人体动作的艺术,它是通过一系列的动作设计表现健美操的步法、姿态、手型等特色,并依靠动作的力量、速度、幅度,结合音乐节奏的对比,配以变化的舞蹈画面的动作表现,组成动作语言,塑造出注入时代气息的、富有感染力、健与美的动作艺术形象。在健美操的创编过程中,动作的设计除合理选择健美操的特色内容以外,还必须有灵活的转换、流畅的连接、新颖的过渡组合,让其能够流溢出一种自然美感。

成套动作不仅应根据不同音乐风格进行多样性变化组合,而且还应考虑表演者的个性、生理特点和素质综合能力,进行多样性选择动作组合,使之淋漓尽致地表现健美操项目的特色,达到人体动作艺术的完美展示。

健美操的艺术造型是一组组流动的雕塑群体,将人体动作艺术时而静态展示,时而动态表现,充分地展现了健美操的艺术魅力。正如美术雕塑一样,健美操运用造型手段反映了生活的美丑属性,表现了创作者审美意识的艺术形式。在健美操创编时,一些世界著名的人体雕塑都可用健美操的造型来表现。同时,健美操也可借助著名的雕塑来表现,创造前人未曾创作的雕塑。

就竞技健美操而言,它属于表现唯美性项群,艺术性是竞技体育唯美项群的一个突出特征。由于竞技健美操综合了音乐、舞蹈、体操等项目的特点,因此它具有较高的艺术性及表现力。竞技健美操的艺术性表现在"成套动作必须展示出创造性,动作设计必须展示竞技健美操的特殊内容、动作变化以及音乐节奏与运动员的表演紧密相连"。这就给竞技健美操运动员提出了较高的要求。它要求一名优秀的健美操运动员必须具有良好的力量、柔韧、速度、耐力和协调性等全面的身体素质以及坚强的意志品质、果敢的性格等心理素质。而完成一套竞技健美操,要求运动员在短短的 1 分 45 秒内将这些素质全部展现出来,达到灵与肉、力与美的最佳展现,最大限度地感染裁判、观众,并与之交流,这在很大程度上取决于运动员的艺术表现力。可以说,艺术表现力是一个竞技健美操运动员开启成功之门的钥匙,艺术表现力是一套竞技健美操的色彩与灵魂。

总之，融艺术表现为一体的健美操运动，富有时代气息的再现，健美操运动流露出的自然美，就是我们追求的健美操运动的最高艺术境界。

（三）音乐影响着健美操动作完成的和谐美，并能同健美操动作一起反映整套健美操的思想内容主题

音乐是声音的艺术，它作为完整的艺术形式，有着自己独特的、系统的、完整的表达方法与形式。正如现代美国哲学家兼美学家桑塔亚所言"音乐——像数学一样，它自身差不多就是一个世界，它能容纳全部的经历，从感觉成功到最后的精神和谐"。音乐最擅长揭示人的心灵世界，有人把它称之为"诗的心理学"。音乐可以像激光一样深入到人类灵魂深处，寻幽索隐，把人类各种复杂难言的心绪，全都显示出来。因此，德国音乐家玛克斯称"音乐可以再现心灵一切"。

健美操是体操、舞蹈、音乐逐步结合的产物，因此，音乐是健美操的重要组成部分。作为健美操的重要组成部分，音乐有着自己独特、系统、完整的表达方法与方式，在它的烘托下，使健美操动作更具生命力与艺术性。它是发挥健美操运动员艺术表现力的重要因素，影响着健美操动作完成的和谐美，并能同健美操动作一起反映整套健美操的思想内容主题。

1. 音乐影响着健美操动作完成的和谐美

音乐和动作在健美操表演中是不可分割的整体，音乐和动作是听觉艺术和视觉艺术的结合，是"红花"与"绿叶"的关系。因此，只有动作和音乐的和谐统一，才能使成套动作达到完美的效果并以此来丰富人们的情感，真正做到音乐与动作浑然一体。所谓和谐，是指事物和现象在各方面的配合和协调，是多样化中的特殊与统一的关系。马克思主义的美学认为和谐是美好事物的重要特征之一。如果音乐与动作配合不好，则无法体现和谐美，这就要求运动员必须要具备良好的音乐素质，才能体现动作中的音乐美。同时，选用合适的音乐也有助于运动员从音乐所特有的情感进入角色。以此来抒发内心的情感，真正做到用心去跳。因此，在训练中有目的地通过讲授乐理知识，分析音乐结构，有意识地培养运动员的音乐素质，充分理解音乐的风格特点使动作与音乐融为一体，达到最佳表演境界。

音乐和动作都以"节奏"作为基础，动作的节奏和音乐的节奏是两者和谐

的纽带与沟通的桥梁。音乐的节奏与速度严格地控制着动作的节奏与速度，音乐的风格指导着动作的风格，音乐的强弱变化直接操纵着成套动作的起伏与强度，音乐特效的运用也为特殊的动作展示提供了内在动力。在健美操比赛或表演中，每一个动作都受到节奏的制约，任何动作的节奏失调均会影响健美操的美。因此，健美操的音乐应是节奏强劲有力、旋律优美、富于青春活力，使人能产生强烈的动感。同时，整套动作的风格与类型以及运动员的表现必须和音乐的特色完美结合，只有完美的动作在与动作风格相一致的音乐伴奏下才会使动作更富有生命力，才会使无声的形体语言更富有感染力，才会使动作本身的美得以淋漓尽致地展示。

2. 音乐能同健美操动作一起反映整套健美操的思想内容主题

从健美操音乐的选择来看，主要有两种方式：一是根据动作选择音乐；二是根据音乐创编动作。但是，不管是采用哪种方式，健美操在表演时，总要表现出一定的主题，犹如一首诗、一幅画，能给人们带来特定环境的美感体验，这个主题是通过音乐和动作共同表现出来的。有时，一套完美的健美操动作本身就有其特定的主题思想，音乐根据动作来设计。例如，以天真活泼、顽劣可爱的动作组合而创编幼儿健美操，表现日常生活琐事组合动作的中老年健美操，以及穿插于篮球比赛间隙中的啦啦队表演的健美操，等等。有时，健美操的音乐本身是反映一定的主题，创编的动作去表达这种主题。例如，在国内外大型的竞技健美操比赛中，有许多参赛选手的成套动作所使用的音乐，有以动物行为、体态为主题的音乐，有根据童话故事创编的音乐，还有以展示民俗、民风，反映本民族典型特色的创编音乐等。

（四）人体形体美学决定着健美操运动员的选才方向和人们参与锻炼的目标追求

美学认为，人既是唯一的审美主体，自身也是最美的审美对象。美学研究者认为，在世界的万物中，人体的美是无与伦比的。罗丹说："在任何民族中，没有人体的美更能激起富有感官的柔情了。无论是对男性强悍的健美，还是女性秀丽的柔美，都居于最高地位。"对于人体美的欣赏，在人类的文明史上是经历了漫长的过程。不过，在世界各地区、各民族中，对于人体美的观念和标准是各不相同的，并随着时代的变迁，人们对人体审美的标准也在不断变化着。

1. 人体形体美学的标准

那么什么样的形体才算美呢？人体美学认为主要表现在两个方面。

首先，要形体匀称，比例适宜。达·芬奇在论人体各部分的比例时，曾定出过一系列标准。比如人的头部应同胸背部最厚处一样，都是身高的1/8，肩膀的最宽处应是身高的1/4，双肩平伸的宽度应等于身长，胸部与肩胛骨应在同一水平上，两眼间的距离应是一只眼的长度，耳朵与鼻子应当长度相等。符合这些比例的人体才是美的。还有人提出上下身的比例，以肚脐为界应符合"黄金分割"（即1：1.618）才较为标准。这些观点用来作为永恒不变的人体美的标准自然并不合适，因为从时代发展、民族区分等情况看，人体美的标准是形形色色、丰富多变的，不过其大致是符合实际的。再比如说，五官端正，正常发育，身材适中，胖瘦合适等，这其中的关键在于适宜。培根曾说："有些脸面，你把他们一部分一部分的观察，是找不到一点好处的，但各部分合在一起，那些脸面就很好看了。"有的人则正好相反。

不过，从人的自然形体来看，男性美与女性美有着全然不同的要求。女性讲究的是苗条、纤细、秀丽的阴柔美，要求细腰丰臀、秀发圆肩、眉细唇红、胸部饱满，其全身轮廓呈S形。而男性着重的是雄健、魁伟、粗犷的阳刚美，最好是虎背熊腰、宽肩窄臀、浓眉、大肌肉强健，其全身轮廓大体呈Z形，而不同于女性的S形。这种区分千百年来几乎已成为人体审美的共同习惯。

其次，要体貌光润，健康有力。人体的每个部位，都应恰到好处，显示出一种生命的朝气和活力。我国古代宋玉在形容标准的女性人体美时曾说："增之一分则太长，减之一分则太短，着粉则太白，施朱则太赤。"而对于男性形体美的要求则是粗线条的、宽泛的，并不像对女性美那么细致、严格，尤其是对面部容貌、五官长相并不苛求。要求的是有性格、有气魄、有力量，有所谓的"男子汉"气。

另外，对男女人体美的标准还有一些不同的看法，主要观点是以下内容。

（1）人体美是一种超前的现象。所谓人体美就是要么比常人更强健，要么更苗条。但过分偏离常态又是不美的，倘若太壮或太瘦，就很难让人产生美感。

（2）男性人体美的标准只有一个，即以强健为美；而女性人体美是三种标准并存，即十足女性的、偏向中性的和接近男性的。

2. 人体形体美学对健美操运动员的选才和人们参加健美操锻炼的启示

人体形体美学中所确定的男女人体美的标准,为健美操运动的"外在美"的发展指引了方向,给竞技健美操和表演健美操的运动员选才和表演者的挑选提供了理论依据。同时,也给参加健美操锻炼的人们确立了人体美的追求目标。

依据人体形体美学标准,在选择竞技健美操运动员时,应重点挑选那些五官端正、面目清秀、肢体比例恰当、骨骼匀称、肌肉丰满、刚健有力、肢体运动协调而灵巧的队员进行训练。运动员的外形人体美是在健美操中体现动作美、服装美的不可替代的载体。若再加上运动员在长期训练过程中所形成的健美操运动员独特风格的外在气质,将会给人们产生一个既直观又深刻的人体美的视觉效果,引起观众强烈的美感共鸣,还会为创造优异的成绩带来良好的"印象分"。这将会为比赛或表演的成功创造先天有利条件。

事实上,在现代社会的生活中,健美操在自觉与不自觉地运用着艺术和体育手段向人宣传人体美,展示人体美,是一项介入文艺和体育的边缘项目,正是由于健美操具有艺术和体育的属性,又具有美的欣赏价值,不论是参与者还是观赏者都能得到精神享受。健美操中所展示的人体美,是人的形体和姿态的展现,是客体用规律性的形式表现出的主体活动,是运动美的成果凝聚。这就会激发了人们对人体美的目标追求,就会积极、主动地参加健美操训练。

同时,健美操所追求的人体美不仅是自然的存在物,同时也是社会的存在物,人体美必定是自然美与社会美的统一。人体美是体型美、姿势美、动作美和气质美的高度结合。人体美,是美中之美,来自其生命和自然流动,健美操的人体美以身体动作传情,形神兼备。它之所以具有生动的艺术感染力,正是由于运动员或表演者"发于情而形于神",用心灵共舞,把细腻的情感注入其全部的形体动作之中,最后塑造形神兼备的美的形象。"男子汉"就是人体美的综合表现。因此,健美操应是一种综合的整体美,其人体美所表现出的青春活力和动人魅力是内外美的统一。

(五)当今人们对社会美的追求

社会美指的是社会生活的美,它直接根源于社会实践。真、善、美并提,美和真、善有着密切的联系,离开了社会生活实践,社会美就无以存在。社会美的核心是人的美,社会是人组成的,社会只能是人的社会。人,也只有人,才是社会的主体。因此，社会美存在于人自身，存在于其的社会生活、社会关系及社会环境中。离开了人，也就无所谓社会美。形式多样、表现不一的社会美，归根结底，都是人的美。人是美的创造者和欣赏者，是审美的主题；人也是美化和欣赏的对象，是审美的客体，是现实世界最美的欣赏对象。人类社会追求的美是永无止境的，当今社会出现的各种艺术都是人类创造美和欣赏美的结果。

不同国家、不同时期、不同民族，社会美的追求也是不一样的，它事实上反映了不同国家或民族追求的美的内容是有差异的，也侧面反映了不同国家、不同时期的社会风气。

这就提示我们，健美操作为艺术性运动项目也必须遵循社会美的主流，要反映社会美的主题，并要创造社会美，引导人们对社会美的追求。

健美操的社会美特别集中体现在人的思想性格、行为举止方面。健美操的社会美我们可以从以下两个方面来说。

1. 从练习者的角度看

当健美操这一时空艺术进入人的审美视野后，就变成了特定的审美对象，从而形成了特殊的审美形态。健美操的美感的产生，是源于个人的直觉性，也就是参加者对动作技术的心理感受。它不但存在于对美的欣赏过程，也存在于对美的创造过程，特别是艺术的创造过程。只有充分认识到美，才能唤起人心中的美感，才能调动人的感觉、情感和生命。健美操是身体的律动与心灵相融合的运动，参加者只有把全部的情感贯穿到形体动作中去，并用心灵创造着美的意蕴，这样才能做到"以体传情，形神兼备"而这种无声的人体语言，充满着生命的激情和波动，让人的身心得到一种无与伦比的愉悦和快感。

2. 从欣赏者的角度看

当练习者随着那美妙的音乐旋律，运用那变幻莫测的难度动作和操化动作，将美的形体、美的姿态、美的线条、美的音乐、美的队形、美的服饰呈现给观众时，使欣赏者能够从表演者的表演中获得美的享受。换言之，客体所传播出的美的信息，很容易在主体眼里获得衍化并逐渐升华成为一种理想化的典范和一种充满韵味的象征，以引起主体的心理震荡，并从心理触发出对健美操美的崇敬和爱慕。

（六）人体装扮美学是健美操实现外在美的必然条件

人体装扮美学是研究如何运用美的规律去塑造和装扮人体，使人类自身变得更美的一门实用美学门类。俗话说：三分长相，七分打扮。可见，装扮艺术在人们的日常生活中占据着重要的地位。

1. 人体装扮美学的基本内容及审美标准

人体装扮包括服装和打扮等项内容。服装指的是穿着的艺术，打扮指的是化妆、美容与装饰的艺术。

（1）服饰美

我国古语说：食必常饱，然后求美；衣必常暖，然后求丽；居必常安，然后求乐。衣食住行中，穿衣是人生仅次于吃饭的第二大事。从服饰的发展趋势看，它逐渐由"暖体"发展到今天人们对服饰的美观、漂亮、富有魅力感，能带给人以审美愉悦的不断追求。

①服饰美的流派

目前，世界上对于服饰美的追求主要可分为两大流派，一是抽象派，二是实用派。事实上，它们都是以服饰的审美功能为追求目标的，只不过各自的侧重点不同。一般来说，抽象派比较注重服装的审美观赏性，以追求审美的价值为主，要求服饰要能超越于现实生活，具有一种审美上的超前性。而实用派相对来说较强调服装的实用价值，要求能在社会上流行开来，为人们普遍接受和喜爱。这都充分说明，服饰已成为人们社会生活中不可缺少的重要组成部分，它在美化人们的生活、提高人们的生活质量等方面，都发挥着越来越重要的作用。

②服饰美的构成要素

穿衣戴帽尽管是人们不同的爱好和习惯，但是，如何穿衣戴帽，有很大讲究。穿着得体，就能充分展现出服饰特有的审美内涵，并与人的容貌、气质和风度等协调一致，使人不仅具有迷人的外在的美质，同时也具有富有魅力的内在的美质。如果是穿着上不得体，不但不能显示特有的美感，而且还会让人感觉到别扭甚至是俗不可耐。要提高服装的审美功能，必须深入了解服装形式美的各个构成因素。

配色：配色指的就是服饰色彩的合理运用和搭配。这里也涉及色彩的审美特性问题。色彩的重要性在于它能最有效地唤起人的视觉上的美感，它是一种具有很强的审美表现功能的自然物质，能够为人们所普遍接受。

色彩与人的情绪的关系主要表现为以下内容。a.寒暖感。色的寒暖，是根据色调决定的，一般将给人以暖感的色，称之为"暖色"，主要有红、黄等色；将给人以寒冷感觉的色，称之为"寒色"，也叫"冷色"，主要有绿、蓝、紫等色。b.兴奋与恬静感。一般来说，暖色调有兴奋感，冷色调有恬静感。c.华美与质朴感。红色、红紫色有华美感，而黄色、橙色等有质朴感。d.联想与象征。红色在人们的生活经验中是太阳和火的颜色，所以让人联想到热情；绿色是自然中草木的颜色，让人联想到清新与美好。

懂得色彩的这些不同的审美特性，对于服饰的配色非常重要，服饰的配色一定要根据人们不同的年龄、性别、性格、职业等进行。总的来说，服饰美要让人感觉得体、大方，具有一定的和谐的美感。因此，服装配色应按照美的和谐统一的原则进行。

款式：款式指的是服装的式样和审美造型因素。服装的款式是随着社会生活的发展变化而变化的，体现出人们对服装美的不断追求，如人们经常说的"流行款式"等。

功能：这里的功能主要指的是服装的审美功能。服装之所以备受人们的喜爱和重视，除了它具有"蔽体"的实用价值外，还具有其突出的审美价值和作用。

第一，它能起到扬美与掩丑的作用。扬美就是通过服饰的美来衬托人体的美，使得两者的结合相得益彰；掩丑指的是利用服装来掩盖人体自身的缺陷和不足，从而达到美的效果。

第二，服装还能起到美化环境的作用。

第三，服装美还能充分去表现一个人的个性美。

第四，服装美还能起到引导社会的审美潮流的作用。

（2）化妆与美容

①化妆

化妆与美容也是人体装扮的重要构成部分。如果说，服饰主要是用来美化人的形体的话，那么，化妆和美容则主要是用来美化人的容貌。人的容貌是人体重要的外表器官组合，对于人的整体形象美起着举足轻重的作用。

化妆主要指的是人的面部打扮，是通过化妆品来美化人的自然容颜。到了今天，化妆已成为人们（尤其女性）日常生活中重要的内容，越来越受人们的青睐。化妆后的容颜，不仅能给人以强烈的视觉上的美感，而且还能保健皮肤，增进人体的健康。

化妆应主要关注脸部化妆、眼部化妆、唇部化妆和手部化妆几个重要方面。

②美容

一般人都将美容与化妆看作一回事，其实，二者既有联系，又有区别。从词源学的角度讲，都是指容貌美丽的意思。但是，美容与化妆也存在着一定的区别：从内涵的范围看，化妆的范围相对狭窄一些，而美容的应用范围要广阔得多；从功能上看，化妆主要起到美化装饰的作用，而美容则不仅仅是美化装饰自我，并且还具有较明确的医疗保健和养生的目的。

（3）装饰物

人体的美除了自然形貌以及必要的化妆与美容以外，还离不开装饰物的审美作用。有时，适宜的装饰物能起到画龙点睛的功效。

人体装饰物主要有：头饰（发卡、发网、帽子、头绳等）、颈饰（项链等）、胸饰（胸针、胸花等）、腰饰（腰带等）、首饰（手镯、戒指、手链、手套等）、耳饰（耳坠、耳环等）等。

佩戴装饰物也一定要根据佩戴者的年龄、性别、着装的色彩风格，进行有针对性地选择，才能对人体美起到锦上添花的作用。

2. 人体装扮美学为健美操表演者美的设计提供了理论基础

依据人体装扮美学原理，在健美操比赛或表演中，选择配色得体协调、款式新颖、有个性的服装，并进行适宜化妆和美容，再配以独特的装饰物，将会对男女运动员或表演者人体的美锦上添花，亦具有其独特的审美价值和艺术魅力。

（1）健美操运动员的着装要严格遵循比赛规则对运动员服饰美的要求

在竞技健美操国际规则中对运动员的着装有完全符合人体装扮美学审美一般规律的规定，即女运动员穿一件紧身衣和肉色连体袜，紧身衣可前或后开口，但上下必须在同一处合拢；上部与躯干处不得仅用绳子或带子连接，不得露肚脐，紧身衣在大腿根部的开口不得超过腰部，外面的接缝处必须盖过髂骨脊，禁用带子；男运动员必须穿一件连衣裤或背心、短裤及合体的内衣，背心的前后不得开口；任何时候都必须穿着保护下体的短裤；比赛时必须穿整洁的健美操鞋等。

（2）健美操运动员着装的色彩搭配，要能达到传递信息、表达情感，蕴神寓意，突出个性的效果

根据服装审美标准，任何一种色彩都会给人以美感，四个人的审美情趣不同，在色彩的喜好上也就各有偏爱，不同的色彩自然会引起人们不同的心理感受。正是由于不同色彩给人不同的心理感受，会诱发不同的联想，因而，健美操运动员或表演者要根据年龄、性别的特点和表达的思想感情的具体需要选择服装的色彩搭配，以通过服装的色彩传递信息、表达情感，蕴神寓意，突出个性，给人们带来五彩缤纷的景象和无限甜美的遐想。

（3）健美操运动员或表演者应依据自己的体型和个性，设计和选择自己服装的款式与装饰物

服饰作为文化的一种表现形式，从某种程度上反映着该运动员或表演者的个性和气质。从总体上看，男士服装设计多表现出男子魁梧强健、英武有力的风格，女士服装则多设计表现女性青春靓丽、充满高雅纯美的风格。但有时，服装的活泼多变、粗犷的整体与精巧的局部更显得别致动人，令运动员或表演者比赛或表演时豪情奔放、挥洒自如。

同时，也要重视精心挑选一件很好的头饰，如丝巾、头绳、发卡等，以及佩戴张扬个性的腰带等，将会给运动员或表演者以锦上添花、画龙点睛的效果。

二、健美操运动的审美标准

爱美之心，人皆有之。爱美是人的天性，尤其是中青年女性们都十分热切地希望有个健美而又常葆青春的体格。那么，作为观赏者应该如何去欣赏和享受健美操的美呢？

（一）"健康就是美"是健美操审美的主旨

今天，人们对健康的追求远远超脱于仅仅身体的健康，更是在身体健康的基础上追求心理和精神的健康。健美操就是适应人类对健身美体的追求而产生发展起来的。所以，健美操的观赏者应把表演者是否展示出人的身体健康和心理、精神健康美作为审美的主旨。具体表现在两个方面。

一方面，动作风格要舒展大方、刚劲有力、协调性高，且连接流畅、造型健美，充分健康的体魄、健美的外形和焕发的精神面貌。

另一方面，健美操和其他舞蹈一样，整套动作的编排都有一定的思想内容。这就要求它所表现的思想内容符合时代的发展，它应向人们传达一种积极、健康、向上的精神，能够激发人们的昂扬斗志，努力学习，吃苦耐劳，互相帮助，为创造美好幸福的生活而奋斗的精神。另外，它还要通过运动员的面部表情和身体活力来吸引、感染观众，与观赏者产生共鸣，使观众有想参加此项运动的强烈欲望。它能给人们带来青春的喜悦和激情，鼓舞和激励人们更加热爱生活，努力学习，朝气蓬勃，不断进取。

（二）"动作和队形编排的创新性"是健美操审美的核心

创新是健美操进一步发展的生命源泉，是健美操审美的核心。所以，健美操的编排设计应有创造性，成套动作有亮点；音乐选择要适宜，有节奏变化，有特色和激情；同时整套动作的强度要合适，动作语汇丰富，过渡与连接流畅，场地与空间运用充分等。集体项目要有队形变化和动力性身体配合。

（三）表演者丰富多彩、新颖、独特的动作展示是健美操审美的关键

动作美是健美操最显著的特点，它是在时间的展开方式上打破静态美的框架，使美的形态得到不断翻新，能让人以探求、追寻、跟踪的方式不断亲近它、捕捉它，具有"回眸一笑百媚生"的展示美的独特魅力。表演者在完成整套动作中的每个单动作都应完美无缺、新颖、尽量避免重复。根据运动员的个人能力尽量加大动作难度，并使衔接动作自然顺畅。动作位置高低的变化、速度的变化、层次的变化、幅度的变化丰富，使人们产生了惊险、意外、刺激的情绪美。

（四）良好的身体姿态是健美操审美的必备条件

优美的体态，即良好的身体姿态，是形体美的重要因素之一。一个人必须

保持一个正确而优美的身体姿态，配上一身结实、丰满发达的肌肉，方能显示出形体潇洒的风度，才能体现出一副健美的体型。健美操要求除了人体本身的静态美外，还应有运动中的动态美。姿态美就是人体几种基本姿态所表现出来的静态和动态美感，包括站立、行走、坐卧三方面的美感。它要求运动员的一举一动、一颦一笑都要与健美操相协调。

（五）适宜的装扮是健美操审美必不可少的条件

俗话说：三分长相，七分打扮。健美操作为艺术表演性项目，运动员恰如其分的化妆，选择得体的服装，佩戴富有灵气的装饰物，将会大大增加健美操的视觉美感。因此，表演者装扮是否适宜能直接影响到健美操整体的美，是健美操美必不可少的条件。竞技健美操的服饰除应符合国际健美操规则对运动员健美操服饰的规定外，还应根据比赛场地、运动员的体形和皮肤颜色等方面选择更合适、更美观的比赛服装。

第三节 创新教育思想

健美操运动的创新主要体现在新兴健美操运动项目的勃起上面。下面以踢踏舞健美操、拉丁健身操为例进行简要阐述说明。

一、踢踏舞健美操

（一）踢踏舞的起源

踢踏舞的英文名是 Tap Dance，Tap 有拍打、叩击的意思，起源于300年前爱尔兰民间。踢踏舞刚出现时有个名字叫 Hoofing，具有踢踏舞的意译，当时的人们在喜庆节日时穿着木制床形的鞋，随着节拍跳这种喜庆的舞蹈。爱尔兰移民和非洲人把各自的民间舞蹈带到了美国这块移民大陆上，使这些民间舞蹈逐步融合形成了新的舞蹈形式——踢踏舞。

踢踏舞是当今深受世界各地人们喜爱的一种舞蹈。对于许多人来说，踢踏舞是充满激情愉悦和趣味的舞蹈方式。同时，踢踏舞还是一种开发智力，提高身体协调性、平衡能力、节奏感以及速度的一种非常有效的手段。

（二）踢踏舞健美操的意义

踢踏舞健美操是一种针对大众而创编的健身操，所以它具有普及性强、运用范围广、趣味性浓以及感染力强等特点，对全身各组织器官的功能和心理发展都能起到改善和调节作用。踢踏舞健美操不仅可以陶冶情操，美化心灵，激励人们去追求美、创造美，提高审美能力；还能培养人们朝气蓬勃、热爱生活、乐观进取的品质，丰富人们的精神生活，使人们的感情更加丰富，情绪更加健康。

（三）踢踏舞健美操的功能

踢踏舞健美操是依据人体结构和生理特点而编排的，它把踢踏舞、健美操和音乐有机地结合在一起，通过"操"化练习，达到健身、健美和健心的目的，是一种具有娱乐性、观赏性的体育新内容。它除了具有一般体育活动共有的锻炼身体、增进健康、增强体质的作用外，对人体的减肥和改善体型体态，提高韵律节奏感及身体协调性都有着特殊的作用。进行踢踏舞健美操锻炼，能有效地提高有氧代谢功能，增强各器官系统的机能，使心肌收缩力增强，有助于脑细胞供氧，提高思维能力；通过物质循环系统向全身细胞提供更多的氧，改善新陈代谢，减少脂肪沉积，有益自身健康。

二、拉丁健身操

（一）拉丁健身操的起源

拉丁健身操是在拉丁舞狂热的音乐伴奏下，把颇具特点的舞蹈动作和有氧健身操动作相结合而形成的一种全新健身方式。由于拉丁舞动作强调臀部的摆动，因此对于腰部的锻炼有特殊的效果。

拉丁健身操是一种源自欧美的拉丁舞蹈，引用了拉丁舞狂热的音乐，使健身者在激情的拉丁音乐中，尽情展示自己美好的身段，并使健身者在疯狂地扭动和淋漓的汗水中，能够减去腰腿部多余的脂肪。

拉丁健身操虽然来源于国标中的拉丁舞，但绝对不强调基本步伐。更确切地说，它是健身操的一种，强调能量消耗，令人获得精神上和身体上的舒展。

拉丁健身操是将有氧操和拉丁舞合二为一的，它在有氧操里加进舞蹈的动作，让你体会桑巴、恰恰、伦巴、慢波等各种拉丁舞的趣味性，但它又把拉丁舞的繁复规则"删除",让你能够尽情地释放自己的身体。

一节拉丁有氧操包括三个部分:热身、有氧练习、放松和伸展。其中热身部分着重于身体局部的灵活性锻炼;有氧练习部分的目的主要是减脂和增加人的心肺功能;放松和伸展部分可以放松健身者的紧张肌肉,舒展肌肉线条,避免运动后出现疼痛。

(二)拉丁健身操的特点

拉丁健身操的特点是在热烈奔放的拉丁音乐中感受南美风情,同时在健身操中增加舞蹈元素,在锻炼之外更可自我享受。拉丁健身操要求百分之百的情绪投入,越是淋漓尽致地把拉丁舞的感觉发挥出来,就越能放开,无所顾忌,在音乐中释放身体。

拉丁健身操适合所有人群练习。但由于拉丁健身操具有自由随意、热情奔放、节奏明显等特点,因而更适合年轻人参加。

把拉丁舞引入健身房后,拉丁舞便成了"拉丁健身操"这个名字一下子道出了将拉丁舞作为一种健身方法的创意,使之成为符合科学强度标准的有氧运动。做运动时,健身者全身大部分的关节和肌肉都会参与锻炼,因此,全身减脂的效果较好。更值得一提的是,由于拉丁舞动作强调臀部的摆动,因此对于腰部的锻炼有特殊的效果。拉丁健身操的锻炼侧重点在于腰和臀部,同时也能使大腿内侧得到充分的锻炼。

(三)拉丁健身操与国标拉丁舞的区别

拉丁健身操和国标拉丁舞不同,后者是体育舞蹈,对基本步伐的要求很高。而前者强调的是能量消耗,对动作的细节要求不高,只要能跟上节奏就好,它注重的是运动量和对髋、腰、胸、肩部等关节的活动。

(四)拉丁健身操的益处

拉丁健身操和普通的有氧操相比,它结合了拉丁舞的动作,因此,其趣味性、观赏性更强。而且健身者在练习过拉丁健身操后,可以掌握一些拉丁舞的基本动作,为以后学习拉丁舞打下基础。目前,跳拉丁舞是一种时尚的舞蹈,已成为白领阶层的新宠,而许多经过拉丁健身操锻炼后的健身者跳起拉丁舞会更容易些。

（五）参加拉丁健身操运动的健身者在运动时应注意的事项

（1）选择鞋底柔软的运动鞋；

（2）跟随音乐扭动髋部和腰部，正常呼吸；

（3）在呼吸不畅的情况下，请先休息片刻后再决定是否继续；

（4）避免扭腰过猛，应以感觉适当为准；

（5）若发生以下情况，如腿部疲劳、人体局部出现痛状不适、眩晕、心率过快等，可停止练习。

特别提醒：有些健身者身体各个关节太紧张，这一点应该改正。健身者踏步时肩关节要放松，如果遇到有的动作比较难做时，可以把动作分步练习，先学脚下的动作，学会之后再加上手臂的动作。此外，拉丁健身操对动作的协调性要求很高，健身者在锻炼时心情一定要放松，不要有恐惧感，不要怕动作做不好被人嘲笑。

第四节　全民教育思想

一、全民教育是普及教育的继续与发展

全民教育继承和发展了普及教育。从全民教育的范围和面向的对象上来说，全民教育是针对教育对象而言的一个概念。所谓全民教育就是教育对象的全民化，也就是说教育必须向所有人开放，人人都有接受教育的权利，并且必须要接受一定程度的教育。教育普及化可以说是教育全民化的基本保证，没有教育的普及，教育的全民化就无从谈起；只有实现了教育普及，才有可能人人享有平等的教育机会。

二、健美操运动在全民健身教育中的作用

健美操运动在全民健身教育中的作用主要体现在大众健美操在群众群体的流行与开展之中。

（一）大众健美操的形式与功能

1. 大众健美操的概念及其特征

大众健美操又称"健身性健美操"，是一种集健身、娱乐、防病为一体的群众性普及性健身运动。这项运动可以锻炼身体、增强体质，从而促进人的身体全面发展。

大众健美操具有动作简单、活泼、流畅、速度适中、节奏感强等特点；同时它所具有的某些特征，使其成为一项非常适合在我国开展的运动项目。

首先，大众健美操对于场地和设施的要求并不高，它既可以在条件好的健身房进行，也可以在平整开阔的露天场所进行，公园、广场中的各种空地都可以进行健美操练习。场地比较大时可以开展上百人的大规模锻炼，场地小时也可以进行三至五人的小团体练习，都可以达到很好的健身效果。除了场地之外，健美操其他的必备设备就只剩下一台录音机了。正是由于健美操的这一特性，才使其更适合在我国大范围开展。这是因为我国目前的体育设施还不够完备，有些全民健身类项目很难大范围展开，一些颇具规模的健身场馆价格不菲，普通百姓很难入内；而健美操的广泛开展，则会弥补这一不足。

其次，大众健美操是一项群众健身性运动项目，适用范围广，对参与者的要求不高，不同年龄、不同文化程度、不同素质修养的人都可以进行练习。在我国，参加健美操练习的人不仅把它当作一种健身方式，还把它作为一种自娱自乐的消遣方式。正是由于健美操具有这种强烈的娱乐功能，所以才使越来越多处于不同文化层次的人对其产生了兴趣。大众健美操无疑是最适合老年人锻炼需求的，而且健美操的运动量和运动强度也很容易被大多数老年人接受。

最后，从大众健美操消耗人体热量的情况来看，它也是非常符合我国实际情况的。大众健美操对人体热量的消耗适中，而且运动强度、运动时间、运动负荷很容易掌握。同时，与其他一些国家相比，我国大多数居民每天的能量摄入并不高，高热量的脂肪、蛋白质等营养物质，在我国居民的、日常饮食中所占比重并不大，这是由我国居民的膳食结构决定的。由此可见，大众健美操很适合在习惯于低热量饮食的我国居民中展开。在具体的练习过程中，不同形体、不同脂肪含量的人，只要注意适度调整训练量和训练次数，就可以达到预期的健身、减肥效果。

2. 大众健美操的时代特色

大众健美操在短时间内便风靡全球，受到全世界的欢迎，数以亿计的人们从中获得了健康和乐趣，这是由它独具的运动特性决定的，同时大众健美操也是有其产生和发展的时代背景的。

大众健美操的热潮从20世纪80年代开始迅速席卷全球，这一时期也是人类社会经济逐渐发展、物质极大丰富的时期。在此基础上，人们的消费观念开始转变，从单纯对物质生活的关注，转变为对精神生活以及自身健康的关注，花钱健身、花钱买健康的观念越来越深入人心。与此同时，人类社会步入了信息化、科学化时代。各种高尖端的生产、生活工具，被人们了解和利用，这些工具一方面提高了工作效率，另一方面也把人们从繁重的工作状态中解脱出来。相应而来的是人们的工作时间大大缩减，可以由自己支配的时间越来越多，所以大量丰富多彩的休闲活动、体育活动在这一阶段得到兴起和发展。大众健美操就是在此时成为人们提高生活质量、满足自我需求的一种健身和娱乐方式的。之后，人们对健身方式、健身手段的要求越来越高，更加注重精神上的享受和追求。大众健美操因其集娱乐功能和健身功能于一体，与其他健身项目相比，更符合人们的需求，越来越受到欢迎，它在短时间内，便以难以抗拒的魅力征服了全世界。国外的一家健身俱乐部的老板曾说过："在我的印象中，各项健身运动都是乏味和缺少激情的，锻炼的唯一目的和动力只是来源于对健康的渴望，是健美操让我改变了这种看法，健美操让人们的健身运动成为享受。"

3. 大众健美操的主要组织形式

大众健美操受到广泛欢迎的原因之一就是它的组织形式多样、锻炼方法灵活。大众健美操的主要组织形式包括健身中心正规性锻炼、不同人数自发组织的团体性锻炼，以及以家庭或个人为单位进行的锻炼。

随着人们花钱买健康的观念逐渐深入，越来越多的人选择到正规的健身房、健美操俱乐部进行大众健美操训练。与其他组织形式相比，这种形式可以为参与者有针对性地提供健身场地和健身设备，同时还会有专业的健身操教练进行及时性指导，有医务人员负责保健咨询等。而且这里还能提供系统性的健美教学，使参与者能够全面了解适合自己的健美操姿势和必要的健美操相关知识。由此可见，由健身中心组织的大众健美操练习是一种规范程度以及专业程度都很高的锻炼形式，但它对消费水平的要求也相对较高，比较适合中高收入阶层。

相比之下，参加自发组织的团体性练习的人非常多，他们是现阶段我国大众健美操练习的主力军，这种形式更能体现出大众健美操的大众性和普遍性。这种方式的优势在于，无须太多的额外花费，不受场地、人数、性别、年龄的限制。参与者多以业余时间较多的中青年，以及退休的老年人为主。

以上两种方式都属于集体组织形式，对于一些时间紧、工作繁忙的上班族来说，在家里进行个人的大众健美操练习也是一种不错的选择。这种方式更加随意自由，无论是练习时间还是练习内容都可以由自己支配，只要家里有影碟机或录像机，便可随之一同练习。但这种形式的不足之处在于，随意性太强，不容易完成系统化训练，而且缺乏专业人士的指导，较难进行科学性、针对性的练习。

4. 大众健美操的锻炼意义

大众健美操的锻炼意义和锻炼价值主要体现在两个方面：一方面，它对人们的身体健康有着积极意义；另一方面，大众健美操对人们的心理健康有着不可忽视的积极影响。

大众健美操之所以对人们的身体健康具有良好的影响，这是由它的编排特性所决定的。大众健美操的编排均有着非常强的针对性，它的运动强度和运动负荷都是以人体的生理规律作为依据的。动作安排由浅入深，难度由简到繁，这对于锻炼者的循环系统、呼吸系统、消化系统，以及各个脏器的功能都是十分有利的，锻炼者的身体功能在这种循序渐进的锻炼和运动中能得到整体提升。

在大众健美操的众多种类里，既有可以使身体各个部位都得到调整和放松的全身性练习，也有重于身体某一部位的针对性练习。这一特点更全面地体现了大众健美操的锻炼价值。在以全身性锻炼为目的的大众健美操中，它的动作编排更加突出了运动的全面性，人们在练完一套健美操后，就如同进行了一次彻底的全身运动，这有利于人体协调性和均衡性的发展。而针对某一特定人体部位的健美操，可以使锻炼者在全面健身的基础上更有侧重，如健胸操、颈部健身操等。

大众健美操对于心理健康的积极影响已经越来越受到人们的重视。在当今的社会，人们无不承受着来自各方面的压力，人与人之间的关系变得复杂而又微妙，在这种情况下，寻求有效的心灵释放，是很多人所希望的。体育运动有助于人们从日常纷争的状态中解脱出来，而作为集娱乐性、健身性于一体的大众健美操便成了其中最受欢迎的形式。

大众健美操对心理健康的作用主要从三个方面体现出来：首先，大众健美操能够使人的体魄变得更健壮，使人的体形、体态变得更优美，拥有了健康和美丽的人们一定会拥有更多的快乐，愉悦的心情也会让他们呈现出不一样的精神风貌；其次，大众健美操也可以被看成一种"心灵体操"，它对人的心理有着安抚和调节作用，使练习者在欢快的节奏、愉悦的氛围中忘掉心中的烦恼；最后，健美操是一项神形兼备的体育运动，可以使人的心灵得到净化，充分唤起人们追求美的热情。

第五节 终身教育思想

一、终身体育概述

终身体育是 20 世纪 60 年代以来体育的改革和发展中提出的一个新概念。

终身体育理论最早是由著名法国教育家保罗·朗格朗提出的，他认为："教育不应像传统观念那样，把人生分为两半，前半生受教育，后半生用于劳动，这是毫无科学根据的，接受教育应该是每个人从生到死的持续过程"。70 年代他又在《终身体育导论》中提到："如果将学校体育的作用看成是无足轻重的事，不重视体育，那么学生进入成年阶段后，体育活动就不存在了。如果把体育只看成学校这一段的事，那么体育在教育中就成了'插曲'。"

终身体育，是指一个人终身进行身体锻炼和接受体育教育。终身体育的含义包括两个方面的内容：一是指人从生命开始至生命结束中学习与参加身体锻炼，使终身有明确的目的性，使体育成为人一生生活中始终不可缺少的重要内容；二是在终身体育思想的指导下，以体育的体系化、整体化为目标，为人在不同时期、不同生活领域中提供参加体育活动机会的实践过程。

终身体育作为体育教学的指导思想，与国际终身教育思潮密切相关。在国外，早在20世纪60年代，"终身教育"一说，经由继续教育专家朗格朗首次提出，体育作为教育的组成部分随终身教育顺势分娩自不待言。联合国教科文组织"21世纪委员会"在1996年教科文组织成立50周年之时，提出了一份题为《教育——财富蕴藏其中》的报告，其中一个重要观点就是，21世纪的教育应该把终身教育放在社会的中心位置上。

终身体育这一思想的提出，得到了世界上许多国家体育学者的赞同，并逐渐形成一种新的体育思想。终身体育作为一种完整的、现代体育思想，其理论依据有以下两点。

（一）人体自身发展，需要体育锻炼伴随终身

人体自身的发展，是有规律可循的。人的一生一般要经历三个发展时期，即生长发育期、成熟期和衰退期。由于体育锻炼具有增进健康、增强体质的作用，对人的各个不同时期的身体健康，都具有积极影响。所以，体育锻炼要根据各个不同时期人体发展的特点，提出相应的要求。生长发育时期的要求，是促进身体的正常生长发育；成熟期的要求，是保持旺盛的精力与充沛的体力；衰退期的要求，是延缓衰退、延长工作年限、延年益寿。不同的发展阶段锻炼的要求不同，锻炼的内容与方法也相应有所不同。也就是说，人的一生都应当伴随着体育锻炼，不同的时期，有不同的目标和要求，不同的内容与方法。锻炼身体不可能一次就完成，更不能一劳永逸。

（二）终身体育是现代社会发展的需要

现代生产方式和生活方式的变化，给人们的健康状况带来了不利的影响。由于体力活动减少，工作、生活的节奏加快，精神过度紧张，生活改善，摄取的热量过多等一系列的变化，严重威胁着人们的健康和生命。人们为了改善自己的健康状况，健康意识普遍增强，使体育锻炼成为人们提高生活质量不可缺少的内容之一。

二、健美操与终身体育教育

（一）健美操终身性的功能

在校学习的高校学生正处于身心发展的关键时期，身体发育较快、神经系统功能发达、灵活性较大、思维活动由具体形象思维向比较抽象的逻辑思维发

展。根据此规律,对学生实施正确的体育教育,对培养学生的体育兴趣,展现学生的个性有很大的促进作用。健美操将身体的"健与美"融合为一体,它既有各个体育项目所具备的强身健体,陶冶情操的功能,又有其自身的运动特点,能为高校学生终身体育观念的形成,提供有效的手段。

1. 时间、地点的自主选择

现阶段,我国学校教育中相对比较重视文化课程的学习,体育锻炼的时间较少,体育设施也不完善。由此,就带来了只有少部分热爱体育运动的学生积极参与锻炼,而大部分学生处于懈怠状态。健美操作为一项随意性相当强的运动项目,它不受时间、地点的约束,为学生提供了便利的条件,学生们可以在课间十分钟就马上上演一段精彩的健美操,也可以在座位上进行放松性的练习,从而缓解一节课的大脑疲劳。

"每天锻炼一小时,幸福生活一辈子"终身体育的观念深入人心,健美操的发展速度也很快,办公室健身操、瑜伽健身操等顺应终身体育而发展的各种操类也在逐步地增多,锻炼地点的随意性更大,不局限于专门的俱乐部和专用场地,可以在晨练的公园里,也可以在自己家的院子里,因时、因地制宜地进行活动。

2. 练习器械的自主选择性

在体育锻炼项目中,健美操的练习器械随意性最大,既可以徒手练习,也可以利用轻器械进行练习。在徒手动作学习的过程中,人类将自己美好的思想感情通过优美的肢体语言表达出来,充满了艺术性,健美操的徒手动作虽然手中没有器械,但是通过肌肉的收缩与伸展,即动即停,脚下的弹性缓冲动作,充分表现出从五指迸发的力量。使用器械练习,相对能使动作延长,加大幅度,使动作更优美,更有节奏,并达到健身的目的。

3. 操化运动的简单易学性

健美操是在较激烈的音乐伴奏下完成各种跳跃、转体、移动、伸展等动作,普遍是由几个较简单的操化动作组合而成的,使学生们很容易形成运动技能。在健美操练习的过程中每当改变动作的结构或韵律速度时,能够直接刺激大脑神经,使学生保持新鲜感和愉悦感,当学生们在集体练习中,有高度的荣誉感,增强而能够对学生产生巨大的兴趣,有内因转化为外因,从而达到自学、自练的功效。

4. 健美操运动中年龄与负荷量的匹配性

健美操是一项方便的终身体育锻炼项目，尤其对控制体重减肥和改善体型体态，提高协调性和韵律感具有独特的功效。它不受年龄的限制，随年龄的变化可自行选择和创编适合自身运动量的健美操动作。大学生的健美操运动，应选择欢快的音乐形式，干净利索的多样化动作，较大的运动负荷量，促进肌肉的弹性练习和身体的全面练习，达到调动学习积极性的目的。

5. 健美操思想品质的渗透性

健美操运动是一项充满活力的体育运动项目。它的教学内容多种多样，几乎每节课的内容都没有重复，学生们的求知欲越来越强，学习的注意力也高度集中，具有了浓厚的兴趣，培养学生们的竞争力和适应快节奏生活的能力。健美操动作成套性很强，学生们在练习过程中会消耗大量的精力和体力，既要记清动作的前后顺序，又要坚持将整套动作做下来，既锻炼了其思想品质，同时也使健美操在同学们的心目中留下了深刻的印象。健美操是竞技与艺术的结合体，在激烈的比赛中，运动员表现出顽强的拼搏精神和争取胜利的意念，培养了他们的集体感、荣誉感和竞争力。在热情的表演中，表演者展示出优美的体型和姿态，积极向上的生活态度由此迸发，使内在美和外在美完美结合。

（二）促使健美操成为高校学生终身体育项目的方法

高校学生是最容易接受新事物的一个群体，他们已经意识到健美操的无穷魅力，但是只靠上课学到的几个基本套路，大多数学生只能是刚刚了解，就半途而废了，长时间不练习，动作就连不起来了。导致这种现象的最主要原因是没有具备将健美操转化为自己终身体育项目的能力。针对此问题，我们要从以下几个方面解决。

1. 基本内容的学习

健美操基本内容的学习是健美操教学的基础，是培养学生实践能力的关键。大多数老师在体育课中都忽视了这个问题，这将不利于初学者对健美操的理解，对套路的学习将大打折扣。所以，必须注意健美操基本内容的教学，一般包括上肢的动作和手型下肢的高低冲击力步伐以及躯干动作。只有将基本素材扎实地掌握，才能为终身体育打下良好的基础。

2. 加强乐感训练

在教学过程中要注意音乐的配合练习，可以要求学生集体进行踏步，来体会音乐的快慢以及节奏的变换，也可以利用韵律体操来表达音乐的性质。在初期的学习过程中，学生需将拍子数出来，方便动作与之相吻合，等到后期熟悉节拍后，就变成了潜意识的内容。教师可以根据情况，去改变音乐的节奏，培养学生的应变能力。在重音的练习中，要特别重视，必须让学生将重音落在方向脚上。当教师面对一套动作复杂、难度较大而编排新颖的健美操时，想要将它很快地传授给学生时，就必须保证音乐与动作的相互匹配。教师应向学生首先传授分解动作，然后再组合起来，进行成套的练习，而后就要将音乐融入动作中，使学生建立正确的音乐节奏感和动作技术概念，保证音乐和动作的配合协调一致。在教学的初期，学生不但要学会跟做、模仿，还要锻炼学生叫口令的习惯，掌握快慢节奏口令叫法。在新动作的学习过程中，还要知道每一节拍的动作，可以将口令叫得慢一些。到了熟悉的情况下要学会以正常速度的节奏叫口令。这样，就使学生知道第几拍做的什么动作，有利于学生的学习。

3. 掌握健美操的创编技巧

健美操的创编过程绝非动作的简单堆砌和组合，它是要在坚持全面发展身体的基础上，对已有的动作素材进行加工、移植、对比和再创造，配以适当的音乐，编排出新颖独特的动作套路。学生在创编过程中，必须掌握必要的创编技巧，了解当前的最新发展趋势，根据自己的需要，举一反三，使其达到令人难忘的新颖感觉。创编的动作不仅要使其相互交融，刚柔相济，而且要建立在全身整体机能得到锻炼的基础上，力求整套动作变化丰富，姿态优美。另外，还要注意音乐与动作的一致性，动作的高潮低谷与音乐的起伏相一致，可以插入一些能够调动气氛的间断音乐，但是不能破坏原有的整体性。

4. 班级带操形式

学校体育的教育方法和手段要向着现代化的方向发展，健美操运动是一项新兴的体育运动项目，要选择适合高校学生锻炼的有氧健身操。教师要以学生为主体，将健美操渗透到每一节课，体育课前的准备活动，教师应积极鼓励学生带操，每个人都必须要实践一次，使学生进行能力的锻炼，增强自我优越感，促使其成为班级带头人、健美操骨干。教师要利用多媒体教学，多组织学生观看健美操比赛和表演,让学生在心目中树立榜样,接收新动作、新形式、新思想,从而达到自觉自愿地进行健美操学习,同时也将健美操作为自己长期坚持的一项体育运动。

5. 开展课余健美操活动

课余时间健美操活动的开展为学生余暇锻炼提供了良好的环境。学生们可以自己组织六人或八人一组的小型表演队,在体育教师的指导之下,每天进行有目的有步骤的练习,教师应向学生传授健美操的基础理论知识和创编健美二动作的原理、步骤和方法,培养同学们自己创编动作的能力,具备将健美操转化为自己终身体育项目的能力。教师要积极地为各组团队创造展示团队风采的条件,如在校园文化艺术节上表演。这样,就能使学生们在欢乐中树立起终身体育观。

终身体育观念可以理解为对终身体育的认识,只有认识了终身体育的价值,锻炼身体才能成为自觉的行动。既可以创造美,获得成功感,又集健身、健美、健心于一体的健美操,其运动技术源于生活,又高于生活,更能为生活服务。它是终身体育思潮下的产物,也是深受学生喜欢的重要因素。学校体育教育要顺应时代的发展,使健美操运动不但要在学校中开展,更要使学生们树立终身体育观念,贯穿于整个人生。

第五章 高校健美操教学可持续发展之素质教学

第一节 素质教育思想详解

一、素质教育思想产生的历史背景

素质是指人在先天生理的基础,受后天环境以及教育的影响,通过个体自身的学习、努力和社会实践所养成的比较稳定的身心发展的基本品质。

要加深对实施素质教育的必要性的认识,转变教育观念,树立正确的教育观、人才观和教育质量观;广大教师要全面推进素质教育的实施,在教育教学工作中注重对学生素质的全面培养,并努力提高自身素质,做全面实施素质教育的合格教师。

(一)素质教育思想产生的时代背景

当今,世界经济和科学技术的迅猛发展,正日益深刻地改变着人类的生产方式和生活方式。这使得知识和人才、民族素质和创新能力已成为衡量一个国家综合国力的重要标志,成为推动或制约经济增长和社会发展的关键因素。教育是知识传播、创新和应用的主要基地,同时也是培育民族创新精神和创新人才的重要摇篮。

(二)我国教育的应试倾向影响着学生的全面发展

与我国现代化建设的现实需要不相适应的是,在过去很长的一段时间里,我国教育工作中存在着应试教育倾向。考试作为一种升学手段不断被强化,并被学生、教师、家长普遍接受和认同,这在一定程度上束缚了学生身心的健康发展,制约着教育质量的全面提高。因此,我国教育工作应大力实施旨在提高全民族综合素质和创新能力的素质教育。

（三）素质教育思想的历史演进及事件

在西方文明史上，人们很早就开始了对人的全面培养、全面教育的思考及实践，历史上曾有"自由教育""博雅教育""人文教育""通才教育""科学人文教育"等不同的教育术语或称谓，表达着使人整体发展、全面发展、协调发展的教育思想。古希腊倡导博学多能、和谐文雅、情操优美的教育，其中比较典型的是雅典的和谐发展教育，要求通过教育使学生在体力、智力、美感和品德等方面得到和谐的发展。17世纪，捷克教育家夸美纽斯继承古希腊的教育思想，并吸收文艺复兴时期人文主义教育成果，提出"泛智"教育思想，其目的是要使所有的人通过接受教育而获得广泛全面的知识，在身体、智慧、德行和信仰等方面得到和谐发展。后来如法国卢梭、瑞上装斯塔洛齐以及美国杜威等人的教育思想都从不同的角度，表达着对人整体发展、全面发展、和谐发展的理想和追求。特别需要指出的是，19世纪出现的马克思主义关于人的全面发展教育思想，为后来社会主义教育思想与实践奠定了重要的理论基础，也是我们今天全面推进的素质教育思想与实践的理论基础。

我国古代也有注重提高人的多方面基本素质的教育。早在西周时期就时兴"六艺"之教："礼、乐、射、御、书、数"，就体现对人的素质的全面培养。

孔子主张的"君子"的培养，就是要培养品德高尚、精通"六艺""文质彬彬"的德才兼备的人才，其核心是"仁、知、勇"。孔子"性近习远"的素质发现观，"有教无类"的教育机会均等思想，"因材施教"的教育原则，"学而时习""学思结合""下学上达"的为学之方，"启发诱导""举一反三"的教学之道，"学而不厌，诲人不倦"的勤勉精神等，在一定程度上体现着素质教育的某些精神理念。继孔子后，孟子、荀子、黄仲舒、韩愈、朱熹、王阳明等许多教育家，都为后人留下了宝贵的素质教育思想财富。

二、素质教育思想的主要观点

（一）素质的基本涵义和特征及其对教育的一般要求

对素质一词，目前有两种不同的解释。一种解释认为，素质是个人先天具有的生理特征，包括神经系统、感觉、运动器官、大脑的特点等，这些特点是通过遗传获得的，所以也叫遗传素质。这种遗传素质对人的能力的形成和发展会产生重大的影响。另一种解释认为，素质是指人在后天通过环境影响和教育训练所获得的稳定的、长期发生作用的基本品质结构，包括人的思想、知识、能力、体格、品质等要素；素质与先天禀赋有着密切关系；先天禀赋影响着人的综合素质，但不是必然的决定的因素；起主要作用的还是后天环境及其所受的教育和训练。现实生活中有许多先天条件不错，但由于后天环境的局限以及缺乏必要的教育与训练所造成的实例，如"狼孩"等；也有许多先天条件有限，但通过后天努力成材的事例，如贝多芬、博朗宁夫人等，证明后天养成的素质才是真正影响一个人成才与否的决定因素。所以说，素质是指人在先天生理的基础上，受后天环境以及教育的影响，通过个体自身的学习、努力和社会实践，养成的比较稳定的身心发展的基本品质。概括起来，素质有遗传性、多样性、个体差异性、相对稳定性和可塑性等基本特征。

素质的这些特征，要求教育工作者从以下几个方面改进教学工作。

（1）要充分认识到先天素质在学生发展中的前提作用，把握学生先天禀赋的差异性，注意因材施教，最大限度地发挥其潜能；与此同时，应特别重视环境和教育及个体主观努力在学生发展中的重大作用，注重育人环境的优化和育人方法的改善，尤其应在学生主观能动性的发挥上狠下功夫。

（2）要努力培养学生稳定的知识技能、良好的行为习惯、健全的身心素质、高雅的审美情趣，并利用环境和教育的影响力，调动学生的积极主动性，促使学生的现有素质不断得到提高。

（3）教育工作者既要善于开发素质的潜在功能，又要善于发挥素质的整体效应。为了实现整体效应，教育工作者应致力于学生的全面而和谐的发展，从根本上改变诸如重智育、轻德育之类的做法。

（4）教育工作者还应立足于学生个体素质的全面提高，为形成高素质的群体打下基础；对学生既提出明确的共同的目标要求，又应有所侧重，不可千篇一律；与此同时，应重视学生群体素质对个体素质的积极影响，使个体素质与群体素质的提高相得益彰。

（二）素质教育的基本内涵

在学术界，关于素质教育的内涵主要有如下几种表述。

——素质教育是以开发儿童身心潜能，全面提高和完善新一代合格公民应具备的基本素质为目的的教育。

——素质教育是人类以自身的身心素质为对象的再生产和再创造，是人类运用自身创造的物质文明和精神文明的历史成果去开发、塑造和完善年轻一代身心结构与功能的社会实践方式。

——素质教育是通过科学的教育途径，充分发掘人的天赋条件，提高人的各种素质水平，并使其得到全面、充分、和谐发展的教育。

——素质教育是依据人的发展和社会发展的实际需要，以全面提高全体学生的基本素质为目的，以尊重学生主体性和主动精神、注重开发人的智慧潜能、注重形成人的健全个性为根本特征的教育。

——素质教育是以促进学生身心发展为目的，以提高国民的思想道德、科学文化、劳动技术、身体心理素质为宗旨的基础教育。素质教育的要义有三：第一是面向全体学生；第二是让学生德、智、体、美全面发展；第三是让学生主动发展。

——素质教育是为实现教育方针规定的目标，着眼于受教育者群体和社会长远发展的要求，以面向全体学生、全面提高学生的基本素质为根本目的，以注重开发受教育者的潜能、促进受教育者德智体诸方面生动活泼地发展为基本特征的教育。

全面推进素质教育，要坚持面向全体学生，为学生的全面发展创造相应的条件，依法保障适龄儿童和青少年学习的基本权利，尊重学生身心发展特点和教育规律，使学生生动活泼、积极主动地得到发展。这里对素质教育的基本原则、规律作出了一定规定。

素质教育还应当贯穿于幼儿教育、中小学教育、职业教育、成人教育、高等教育等各级各类教育，贯穿于学校教育、家庭教育和社会教育等各个方面。

在不同方面应当有不同的内容和重点，相互配合，全面推进。这里对素质教育的对象、范围、方法等方面做了规定。

实施素质教育，必须把德育、智育、体育、美育等有机地统一在教育活动的各个环节中。学校教育不仅要抓好智育，更要重视德育，还要加强体育、美育、劳动技术教育和社会实践，使诸方面教育相互渗透、协调发展，促进学生的全面发展和健康成长。这一段话强调，实施素质教育必须遵循素质教育的全面性、相互渗透与整体协调性。

（三）素质教育的基本特征

1. 教育对象的全体性

所谓教育对象的"全体性"，从广义上说，是指面向全体国民，要求每个社会成员都必须要通过正规的或非正规的渠道接受一定时限、一定程度的教育，以达到提高全体国民素质的目的；从狭义上说，是指全体适龄儿童都必须接受正规的义务教育，不得因种族、民族、性别、出身、宗教信仰、经济等因素而限制或剥夺其受教育的权利和义务；具体到学校和班级，必须面向全体学生，不得人为地忽视任何一个学生素质的培养与提高。在我国现阶段，小学与初中阶段的教育属义务教育范围，是全体适龄儿童少年都必须接受的、国家和社会及家长必须予以保证的国民教育，而且具有强制性。至于高中阶段教育，随着社会经济的发展，也将逐步普及起来。可见，基础教育阶段所实施的素质教育，将逐步变成面向全民的普及教育，具有全民性的特点。教育对象的全体性，是中小学素质教育最基本的特征。

2. 教育内容的基础性

相对于专业性、职业性的定向教育而言，中小学素质教育的内容是基础知识、基本技能、基本观点、基本行为规范、基本学习生活能力等方面的教育，主要是让受教育者拥有"一般学识"，而不是使其拥有"一技之长"；是为人的生存与发展增强潜力的教育，是为提高全民族素质、未来劳动者素质和各级各类人才素质奠定基础的教育，而不是进行某一专业或职业的特殊训练。

3. 教育空间的开放性

素质教育的教育空间具有开放性。课堂已不再是单纯地灌输知识和机械地强化训练的场所，而是灵活安排与适当组合的生动活泼的开放性教育场所；教育也不再局限于课堂和书本知识，而是积极开拓获取知识的来源和获得发展的空间，重视利用课外的自然资源与社会资源，开展丰富多彩的活动，以利于学生素质的全面提高与和谐发展。

4. 教育目标的全面性

素质教育的目标，就是国家教育方针中所规定的德、智、体、美等方面全面发展。素质教育目标的全面性是由人的发展需要与社会的发展需要所决定的。我们应重视德、智、体等方面素质的相互联系、相互渗透与制约，致力于促进学生全面而和谐地发展，不可重彼轻此。素质教育促进学生发展的全面性应把握好两方面的规定性：其一，对个体来说，既要保证全面而和谐地发展，又使其个性得到充分发展；其二，对群体而言，既应保证他们全面和谐地共同发展，又允许群体中的个体之间的发展存在相对的差异性。全面发展并不等于每个受教育者都均衡发展或同步发展，而应该是每个受教育者的最优化发展，使每个受教育者在外部环境提供的条件的基础上均获得最大可能性的发展。

5. 教育价值的多元化

素质教育的价值取向是多元化的。素质教育首先必须满足学生个体生存与持续发展的需要，使学生学会生存、学会学习、学会发展、学会做人、学会健体、学会审美、学会劳动、学会共同生活；其次必须满足学生的兴趣、爱好，发挥其特长及潜能，使其个性得到充分而自由的发展，充满创造的活力。素质教育既重视个体实现个性化，又重视其实现社会化，既有利于个体适应社会，又有益于满足社会发展的需要。

6. 注重学生创新精神和实践能力的培养

高等学校要重视培养大学生的创新能力，普遍提高大学生的人文素质和科学素质。要在培养大批各类专业人才的同时，努力为优秀人才的脱颖而出创造条件，尤其是要下功夫造就一批真正能站在世界科学技术前沿的学术带头人和尖子人才，以带动和促进民族科技水平与创新能力的提高。可以说，高等学校实施素质教育的重点就是培养创新人才和为经济社会发展服务。

素质教育要以培养学生的创新精神和实践能力为重点。在重视培养学生创新精神的同时，改变那种只重视书本知识而忽视实践能力培养的现象。

要调整和改革基础教育课程体系、结构和内容，试行国家课程、地方课程和学校课程，建立新的基础教育课程与教学体系。要改变过分强调学科体系、脱离时代和社会发展及学生实际的状况，加强课程的综合性和实践性，重视实验课教学，培养学生的动手操作能力。要增强农村特别是贫困地区义务教育课程、教材的适用性，满足当地经济社会发展的实际需要。

教育与生产劳动相结合，是培养全面发展人才的重要途径。各级各类学校在加强学科教学实践环节的同时，要从实际出发，加强和改进生产劳动和实践教育，使学生接触自然、了解社会，培养实践能力，培养热爱劳动的习惯和艰苦奋斗的精神。建立青少年参与社区服务和社区建设的制度。中小学要鼓励学生积极参加形式多样的课外实践活动，培养动手能力；职业学校要实行产教结合，鼓励学生在实践中掌握职业技能；高等学校要加强社会实践，组织学生参加科学研究、技术开发推广活动以及社会服务活动，利用假期组织志愿者到城乡支工、支农、支医和支教。社会各方面要为学校提供必要的条件，同时要加强学生校外劳动和社会实践基地的建设工作。

7. 培养学生的主体意识，注重学生个性健康发展

素质教育强调教育要尊重和发展学生的主体意识，培养和形成学生的健全个性和精神力量，使学生生动活泼地成长。这也是马克思全面发展学说所强调的一人的发展既是全面的，又是主动的，"每个人的自由发展是一切人的自由发展的条件。"在素质教育看来，学生不是知识的被动接受器，而是知识的主人；学生不仅是认知主体，更重要、更本质的是在认知方面和非认知方面学生是完整的生命主体。素质教育要指导学生怎样做人，要为学生指导完整人生，要形成学生个人的人格力量和精神风貌。

课程是教育的心脏。根据促进主体性与主动精神发展的要求，素质教育的课程体系应该以提高学生素质为核心而不是以学科为中心。教学是课程的实施，是学校的中心工作，因而也是实施素质教育的主渠道、主阵地。教师要明确自己教学的目的，也就是为什么而教。教师不仅要为学科的系统性负责，更要为学生的发展和幸福负责，为社会的发展和进步负责。因此，也必须逐步改变单纯以学科为中心的倾向，建立以学习者为中心的教学体系。就学生的学习而言，则不仅是继承性学习，更是创新性学习。素质教育，不仅重视人的发展需要，而且重视社会发展需要，将人的发展和社会发展统一起来了。

8. 着眼于学生的终身可持续发展

由新技术革命带来的社会生产和社会生活的新变革，促进了人类生产能力的飞速发展和生活质量的提高；而由新技术革命带来的产业结构的不断调整和

职业的广泛流动性，则直接形成了一个学习化社会和终身教育时代。终身教育这个概念起初应用于成人教育，后来逐步应用于职业教育，现在则包括整个教育过程和人的发展的各个阶段。在延及人的一生的教育过程中，学习期与劳动期的交替将更经常。终身教育是现代教育的重要标志。为了主动适应科学技术的飞速发展和世界经济一体化的变化，为了缩小知识差距和培养知识型劳动者，为了适应人口老龄化趋势而建设一个充满活力的社会，为了满足人们精神生活需要，必须要建立终身教育体系，这是当今社会发展的必然趋势。这正如世界银行报告中所指出的："新知识的爆炸、技术进步的加速、竞争的不断加剧，都使终身教育显得比以往任何时候都更加重要。为了缩小知识差距，社会必须保证全体人民都能接受基础教育，并为人们提供一生中不断受教育的机会。基础教育是建立一支身体健康、有技术和灵活的劳动大军的基础，基础教育之上的终身教育使得国家能够不断地评估、适应和应用新知识。"

在未来的学习化社会中，唯有具备终身学习能力和自主发展能力的人，才能适应并创造美好未来。素质教育要着眼于学生的终身可持续发展。教是为了不教，素质教育不仅注重学生现在的一般发展，而且，重视直接培养学生自我发展能力。正规学校已经不再是一个学生为一生准备一切的地方，知识和技术需要随时追加和更新，学习伴随人的一生。因此不仅要让学生"学会"，而且要让学生"会学"；不仅要给学生知识，而且要给学生打开知识宝库的"钥匙"，要使学生学会学习，学会自我发展。

我们认为，将素质教育仅仅理解为开设选修课、开展课外活动和发展特长，是狭隘的和不全面的。这些学校主观上是想贯彻素质教育的要求，但在实际工作中对素质教育的理解却是不完全的。选修课、课外活动、发展特长无疑是非常重要的，也包含在国家课程计划之内，并常常是学校实施素质教育的突破口，但这并不是素质教育的全部。如果说发展特长是素质教育的话，那么它只是素质教育之末，而不是素质教育之本。前面提到的素质教育的那些基本特征，包括面向全体、全面发展、重视学生创新精神和实践能力培养、促进学生主体精神和个性健康发展、着眼于学生终身可持续发展等，才是对素质教育思想的最关键要求。实施素质教育的主渠道还是课堂教学。素质并不仅仅指"特长"，而是全面素质；素质教育并不仅仅是选择，更重要的是学会选择。"选择"是重要的，但是"学会选择"更重要。

第二节 健美操运动教学基础知识

一、健美操运动发展简史

健身性健美操起源于1968年,最早是美国太空总署为太空人所设计的体能训练内容。医学博士库珀设计了一些动作并逐渐加上音乐伴奏和服装,形成了具有独特体系的运动,并很快风靡世界。当时便涌现出一批健美操的代表人物,如杰希·索伦森和著名的好莱坞影星简·方达等。

杰希·索伦森综合了体操和现代舞进行创编,使这种运动带有娱乐性,并且简单易学,参与者之众在当时与美国打网球的人数几乎不相上下。

健美操作为一项独立的体育运动项目是在20世纪70年代末,其明显的标志就是《简·方达健美操》的出现。作为现代健美操运动的发起人之一,简·方达根据自己的亲身体会和实践编写了《简·方达健美操》一书及录像带,自1981年首次在美国出版以来,一直畅销不衰,并被译成二十多种文字,在世界30多个国家销售。她以健美操运动来保持身体健康和身材苗条,提倡开展健美操运动。之后,简·方达又创造性地推出一种利用专门器械进行健美操锻炼的新方法,称之为踏板健美操。踏板健美操是在徒手健美操的练习基础上发展起来的,它利用一块特制的踏板(共三层,可通过调整高度来调整练习强度),做一些踏上、踏下的练习,通过克服自身体重来达到加强腿部肌肉力量、身体控制能力与心肺功能的目的。这种练习方式的优点是:在增加运动强度时,只需保持原有的节奏,提高踏板高度即可;在加快运动节奏和频率时,可利用器械相对减少或保持原来的冲击力,有效地防止运动性损伤发生。简·方达对健美操运动在世界范围内的流行与发展起了巨大的推动作用,这使她成为20世纪80年代风靡世界的健美操的杰出代表人物。

健美操运动自从20世纪70年代末、80年代初兴起以来,以它强大的生命力迅速在全世界流行起来。到目前为止,健美操不仅在欧美等发达国家蓬勃发展,而且在一些发展中国家和地区也得到不同程度的开展,各种健美操俱乐部、健身操中心和健美操培训班如雨后春笋般涌现,许许多多的人选择健美操作为自己主要的健身方式，形成了世界范围的"健美操热"。

1987年，北京举办了首届全国健美操邀请赛，随后1988、1989、1990、1991年先后在北京、贵阳、昆明、北京举办了四届邀请赛。1992年起改名为全国锦标赛，成为每年举办的传统赛事。另外，1992、1995年在北京举办了两届全国健美操冠军赛。1998年，举办了全国锦标赛暨全国健美操运动会。

二、健美操运动基础知识

（一）什么是健美操运动

健美操是在音乐伴奏下，以身体练习为基本手段、以有氧运动为基础，达到增进健康、塑造形体和娱乐目的的一项体育运动。

健美操起源于传统的有氧健身运动，是有氧运动的一种。它通常采用徒手或轻器械进行练习，是在氧供应充足的情况下，以人体有氧系统提供能量的一种运动形式，其运动特征是持续一定时间的、中低强度的全身性运动，主要锻炼练习者的心肺功能，是有氧耐力素质的基础。

近年来，随着健身运动的不断发展，人们对健身的理解进一步加深，知识水平和健身的科学化程度不断提高，对健身的需求也变得更加多样化和个性化，因此出现了多种新的健身形式，如近年来兴起的水中健美操和利用移动器械的集体力量练习，以及在特殊场地进行的固定器械的有氧练习等。这些新的健身形式使健美操运动的内容更加丰富，适合的人群更加广泛，健身的效果更好，同时降低了运动损伤的可能性。健美操运动正是在此大环境下得到了迅速发展，呈现出更加多样化和科学化的发展趋势。

健美操运动从影响人体健康的角度来说，具有良好的作用，尤其是对于控制体重、减肥、改善体形体态、提高协调性和韵律感具有良好的效果。

在长期的实践过程中，健美操已从一项单纯的健身运动逐步发展成为一项独立的体育竞赛项目，在运动形式、动作技术特征以及竞赛组织方法等方面有其自身特点。

虽然健美操运动发展历史不长，但已深受广大群众的喜爱。健美操不仅突出动作"健"和"力"的特点，而且更强调"美"。将人体语言艺术和体育美学融为一体，使健美操成为一个极具观赏性的体育运动项目。随着现代物质文明的提高，人们花钱买健康的观念不断增强，健美操运动在我国越来越受到欢迎，已成为人们现代文明生活不可缺少的组成部分。

（二）健美操运动有哪些特点

1. 健身性健美操的特点

（1）保持有氧代谢过程

健身性健美操的动作及套路设计，都是以保证健身者在运动过程中能够最大限度地摄入氧气并充分利用氧化来燃烧体内的糖元、突出燃烧脂肪作为能量供给为前提的，以此实现加快体内新陈代谢，重新建立人体更高机能水平的目的。在有氧运动中，呼吸系统、心血管系统及大脑中枢神经都得到良好的锻炼，特别是对于肥胖体形的人们来说，在消除体内多余脂肪、调节脂肪静态平衡、保持健康、增强体质等方面具有良好的效果。

（2）广泛的适应性

健身性健美操练习形式多样，多以徒手进行锻炼，不受场地、环境、气候等条件的影响，无论是公园、厅堂、家里等地方，都能很好地进行相关锻炼；同时，健美操也可借助于轻器械进行锻炼，如哑铃、踏板、橡皮筋、健身球等，所产生的锻炼效果是显著的。

健身性健美操既可以在舞台上表演，也可以在大小聚会中娱乐。一般人可选择低强度的有氧练习，达到锻炼身体、娱乐身心、保持健康的目的；而对具有较好身体素质并有意进一步提高训练水平的年轻人来说，可选择难度较高、运动量较大的竞技健美操作为练习的手段，满足其进取心要求。

（3）注重个体差异

健身性健美操以其生动活泼、轻松自如、随心所欲的运动形式早已被大众接受。健身性健美操的动作套路形式多样化，节奏有快有慢，套路有长有短，动作有难有易，运动员和运动强度的大小可任意调节，适合于不同阶层、不同行业、不同年龄、不同性别、不同体质的人们进行锻炼，各种人群都能从健美操练习中找到适合自己的方式，都能从健美操练习中得到相关乐趣。

（4）健身的安全性

健身性健美操所设计的运动负荷及运动节奏，充分考虑了由运动而产生一系列刺激结果的可行性，使之适合一般人的体质，甚至弱体质的人都能承受的有氧范围。人们在平坦的地面上，在欢快的音乐声中，跟随快慢有序的节奏进行运动，十分安全，而且有效。

2.竞技性健美操的特点

（1）高度的艺术性

健美操是一项追求人体健与美的运动项目，因此健美操属健美体育的范畴，具有高度的艺术性。

健美操的艺术性主要体现在其健、力、美的项目特征上。健康、力量、美丽是人类所追求的身体状况的最高境界，而健美操运动无不处处表现出健、力、美的特征，包含着高度的艺术性因素，使健美操不同于其他运动项目，这也正是人们热爱健美操运动的原因之一。

健美操动作协调、流畅、有弹性，使练习者不仅锻炼了身体，增强了体质，而且从中得到了美的享受，提高了审美意识和艺术修养。健美操运动员在比赛中表现出的健美的体魄、高超的技术、流畅的动作和充沛的体力等，无不给观众留下深刻的印象，充分体现出健美操运动的健、力、美特征和高度的艺术性。

（2）强烈的节奏性

健美操动作具有强烈的节奏性特点，并通过音乐充分地表现出来，因此音乐是健美操运动不可缺少的组成部分。健美操音乐的特点是节奏强劲有力，旋律优美，具有烘托气氛、激发人们热情的效应。

健美操运动之所以深受人们喜爱，除了练习本身的功效性、动作的时代感外，很重要的因素之一是现代音乐给健美操带来了活力。健美操动作与音乐的强烈的节奏性使健美操练习更具有感染力，其比赛和表演更具有观赏性。

（3）高难度、高体能

健美操运动是靠人的身体语言来传递和表达内心信息的运动，是完成连续复杂的和高强度动作的能力的运动。竞技健美操的成套动作必须展示连续的动作组合、柔韧性和力量，并在综合运用七种基本步法的同时，高质量地完美地完成各类具有难度动作。优秀的健美操运动员必须具备良好的身体素质、体能以及完美地完成主要强度的难度动作的能力。因此，高体能、高难度是当今竞技健美操的典型特点。

（4）仍保留着大众体育的特色

竞技健美操起源于传统的健身性健美操运动，其本质和基础的内容来源于健美操运动。运动技术水平的高低，在于运动员本身的体能、素质以及运用技巧的能力。不同年龄、不同体能的运动员，无论水平高低均可参加竞技健美操运动。因此，高水平的竞技健美操仍保留着大众化的特色。

（三）健美操运动的分类

根据当今世界和我国健美操运动的发展状况和未来的发展趋势，按照不同的目的和任务，健美操运动可分为健身性健美操和竞技性健美操两大类。

1. 健身性健美操

健身性健美操练习的主要目的是锻炼身体、保持健康，健身性健美操的动作简单，实用性强，音乐速度也较慢，且为了保证一定的运动负荷和锻炼的全面性，动作多有重复，并均以对称的形式出现。健身性健美操的练习时间可长可短，在练习的要求上也可以根据个体情况而变化，严格遵循健康、安全的原则，防止运动损伤的出现，在保证安全的基础上，达到锻炼身体的目的。

健身性健美操按练习形式又可分为徒手健美操、器械健美操和特殊场地健美操三大类。

（1）徒手健美操包括传统意义上的一般健美操和为满足不同人群兴趣和需求的各种不同风格的健美操。传统意义上的一般健美操目前仍很受欢迎，其主要练习目的是提高心肺功能和人体的有氧代谢能力。随着社会的发展和生活水平的提高，人们的健身需求越来越多样化，近年来出现了多种新的徒手健美操练习形式，如正在国内外流行的拳击健美操和搏击操，其主要练习目的是增强肌肉的力量、弹性与身体的柔韧性，尤其是搏击操练习对腰腹有特殊的效果。又如拉丁健美操和街舞，其练习形式多以群体练习为主，动作变化丰富，规律性不强，不仅能提高学员的协调能力，而且能调节学员的心理，因此深受年轻人的喜爱。

（2）器械健美操是利用轻器械、以力量练习为主的一种有氧健美操。器械健美操利用各种可移动的轻器械进行练习，既增强了健身的效果，同时也使健美操的练习形式变得更加多样化，目前利用轻器械的集体力量练习是世界范围内最受欢迎和发展最快的健身项目。力量练习的主要目的是使练习者保持和发展良好的肌肉外形，增强肌肉力量和防止肌肉退化，从而延缓衰老，使人更强健，如踏板健美操加大了腿部的运动负荷，增加了运动量，但减轻了对下肢关节的冲击力，同时也使动作更加多样化；哑铃操、橡皮筋操、健身球操等可锻炼到全身的每一肌肉群，有效地提高肌肉力量，尤其是上肢力量，这些弥补了徒手健美操的不足。

（3）特殊场地健美操以其特殊的功效目前在国外发展很快，但在国内还开展较少，目前我们了解到的有水中健美操和固定器械健美操。水中健美操是国外非常流行的一种独特的健美操练习形式，它可以减轻运动中地面对膝、踝关节的冲击力，有效减轻关节的负荷，并利用水的阻力以及水传导热能快的原理提高练习效果，达到锻炼身体和减肥的目的，因此深受中老年人、康复病人和减肥者的喜爱。固定器械健美操，如功率自行车等，可以固定在某一处（地面或水中任何地方），学员根据自己的需要进行练习，达到锻炼身体的目的。

为了更好地普及和提高健身健美操的开展，从 2002 年起，国家体育总局每年举办一次全国万人健美操大众锻炼标准大赛，以推动我国健身健美操的发展。

2. 竞技性健美操

竞技性健美操是在健身性健美操的基础上发展而来，其主要目的是"竞赛"。目前国际上规模较大的竞技健美操比赛有国际体操联合会组织的"健美操世界锦标赛"，国际健美操冠军联合会（ANAC）组织的"世界健美操冠军赛"，国际健美操联合会（IAF）组织的"健美操世界杯赛"。我国正式的竞技健美操比赛有"全国健美操锦标赛""全国健美操冠军赛"和"全国青少年锦标赛"。竞技健美操比赛的项目有男单、女单、混双、三人和六人。

目前世界上较为公认的竞技健美操的定义是，竞技健美操是在音乐伴奏下，完成连续复杂的和高强度动作的能力，该项目起源于传统的有氧健身舞。竞技性健美操以成套动作为表现形式，在成套动作中必须展示连续的动作组合、柔韧性、力量与七种基本步法的综合使用并结合难度动作完美地完成。竞技性健美操在参赛人数、比赛场地和成套动作的时间等方面都必须严格按照规则进行。规则对成套的编排、动作的完成、难度动作的数量等也都有严格的规定。

由于竞赛的主要目的就是取胜，因此在动作的设计上更加多样化，并严格避免重复动作和对称性动作。近年来，运动员为争取好的成绩，均在比赛的成套动作中加入了大量的高难度动作，如各种大跳成俯撑、空中转体成俯撑等，这些对运动员的体能、技术水平和表现力等方面都提出了更高的要求。

3.表演性健美操

除了健身性健美操和竞技性健美操，在我国还有一种表演性健美操。这是我国健美操运动历史发展过程中出现的一种特殊形式，在国外是没有的。表演性健美操的主要练习目的是"表演"，它是事先编排好的、专为表演而设计的成套健美操，时间一般为2~5分钟。表演性健美操的动作较健身性健美操动作复杂，音乐速度可快可慢。为了保证一定的表演效果，动作较少重复，也不一定是对称性的。参与人数不限，并可在成套中加入队形变化和集体配合的动作，表演者可以利用轻器械，如花环、旗子等，还可采用一些风格化的舞蹈动作，如爵士舞等，以达到烘托气氛、感染观众、增强表演效果的目的。

表演性健美操的动作比健身性健美操的动作更复杂多变，所以对参与者的身体素质要求较高，不仅要求具备较好的协调性，还要有一定的表演和集体配合的意识。

（四）健美操运动的功能

1.增进健康美

健康，即生理功能正常、无病理性改变和病态出现。随着经济的发展和社会的进步，现代健康已不仅仅是生理意义上的健康，而是健康的心理和行为兼备。

健康美是一种积极的健康观念和现代意识，已有研究表明，健康美是机体最有效发挥其机能的状态。

一个具有健康美的人，除了自我感觉良好、可轻松应付日常工作与生活外，还有充沛的精力参加各种社交、娱乐及闲暇活动，亦能自发地处理好突发的应激状态。

一个具有健康美的人，应该具备的身体素质是良好的心肺耐力、肌肉力量、平衡性、灵敏性和柔韧性。心肺耐力的发展使心脏与循环系统有效运作，将机体所需的营养物质、氧气及生物活性物质运送到肌肉和各组织器官。并把代谢产物运走，在有机体的生命活动中发挥重要作用。肌肉力量的发展不仅塑造强健的体魄，亦具备强大的活动能力。身体柔韧性和灵敏性的发展可增大肌肉与关节的活动能力，减缓肌肉与附着组织的退化和衰老过程，使身体动作机敏、灵活、富有朝气。

健美操作为一项有氧运动，人们对其健身功效已达成共识。有研究认为，经常参加健美操锻炼的人，心脏总体积指数显著大于没有参加锻炼者，且吸氧量明显增加。有氧运动最能发展人体的心肺功能，增强心肌，增加肺活量，减少心肺呼吸系统疾病。健美操不仅具有有氧运动的功效，且兼备发展身体柔韧性和灵敏性的作用。因此，专家认为，健美操是目前发展身体全面素质的较为理想的运动。

2. 塑造形体美

形体分为姿态和体形。姿态是从我们平时的一举一动表现出来的行为习惯，受后天因素的影响较大。而体形则是我们身体的外貌，虽然体育锻炼可适当改善体形外貌，但相对来说，遗传因素还是起着决定性的作用。

良好的身体姿态是形成一个人气质风度的重要因素。健美操练习的身体姿态要求与我们日常生活中良好姿态的要求基本一致，因此，通过长期的健美操练习有益于肌肉、骨骼、关节的匀称与协调发展，有利于改善不良的身体姿态，形成优美的体姿，从而在日常生活中表现出一种良好的气质与修养，给人以朝气蓬勃、健康向上的感觉。

健美操运动还可塑造健美的体形。通过健美操练习，尤其是力量练习，可使骨骼粗壮、肌肉密度增大，从而弥补先天具有的体形缺陷，使人体变得匀称健美。其次，健美操练习还可消除体内和体表多余的脂肪。人体内脂肪的消耗是由很多因素造成的，最重要的一点就是新陈代谢的快慢，而有氧操的强度不大，并可持续较长时间，能消耗体内多余的脂肪，维持人体吸收与消耗的平衡，降低自身体重，保持健美的体形。

3. 缓解精神压力，娱乐身心

随着时代的发展和社会的进步，人们在享受科学技术所带来的舒适生活和各种便利的同时，也受到了来自方方面面的精神压力。研究证明，长期的精神压力不仅会引起各种心理疾患，而且许多躯体疾病也与精神压力有关，科学研究表明：体育运动可缓解精神压力，预防各种疾病的产生。健美操作为一项体育运动，以其动作优美、协调、全面锻炼身体，同时有节奏强烈的音乐伴奏，是缓解精神压力的一剂良方。在轻松优美的健美操锻炼中，练习者的注意力从烦恼的事情上转移开，忘掉失意与压抑，尽情享受健美操运动带来的欢乐，获得内心的安宁，从而缓解精神压力，使人具有更强的活力和最佳的心态。

另外，健美操锻炼加强了人们的社会交往。目前，人们参加健美操锻炼的主要方式是去健身房，在健美操指导员的带领和指导下集体练习，而参与健美操锻炼的人来自社会的各阶层。因此，这种形式扩大了人们的社会交往面，把人们从工作和家庭的单一环境中解脱出来，可接触和认识更多不同的人，眼界也更开阔，从而为生活开辟了另一个天地。大家一起跳，一起锻炼，共同欢乐，互相鼓励，有些人可能因此成为终身的朋友。

第六章　新形势下高校健美操创编实践

高校健美操的创编是开展好健美操活动的前提，科学合理的创编过程是开展高校健美操的基础。高校健美操的创编主要是依据练习者的审美兴趣，选择以徒手或轻器械动作练习为主要动作类型，并配以合适的音乐，按照对象的特点进行合理的安排。本章重点研究高校健美操的创编，同时还对高校健美操竞赛的组织方法进行简要的介绍。

第一节　高校健身健美操的创编

一、高校健身健美操创编的原则

健美操是一项综合性运动项目，不同类型的健美操有着不同的创编原则。高校健身健美操创编的原则具体如下。

（一）目的性原则

为了更有效地达到创编目的，使创编过程更具有目标性、组织性、实效性，使高校健美操的结构、动作难度、动作特点、音乐速度等创编因素符合创编意识，就必须遵循目的性原则，即以提高身体循环功能，促进骨骼与肌肉的发展，全面提高身体素质和心理健康发展为目的进行高校健身健美操的创编。具体表现如下。

第一，高校健身健美操应以全面提高学生的身体健康水平，发展其运动素质，改善其体形为目的进行组织与编排，同时应注意科学地安排各种动作的顺序与过渡，避免反关节运动或关节过度受压动作的出现。

第二，高校健身健美操的创编应重视对运动负荷与运动量的监控。高校健身健美操的运动负荷与运动量一定要符合学生的身体状况和运动能力，运动量和运动负荷过大或过小都会对练习者产生一定的消极影响。

第三，高校健身健美操的创编要保证学生身体的各个部位都得到充分的锻炼，使学生通过健美操运动促进肌力的增加和提高各个关节的灵活性。因此，教师在高校健身健美操的创编过程中应避免局部运动量过大或参与不够，要充分动员机体的各个部位，使学生得到全面的训练。

（二）科学性原则

高校健身健美操的创编还应严格遵守人体运动生理解剖规律，运动负荷曲线并以此为依据选择创编的方法、形式、内容和技巧，提高创编的科学性，使学生做到科学健身。高校健身健美操的科学性原则主要表现在以下两个方面。

第一，教师在创编健身健美操时要根据人体运动生理解剖规律安排动作顺序，使身体逐步适应运动变化，避免出现伤害机体的动作和方法。

第二，教师在创编健身健美操时要根据人体运动负荷曲线，合理安排运动的负荷强度，以免影响到练习效果、使学生在运动过程中出现损伤。

（三）全面性原则

高校健身健美操的创编要以全面发展学生的身体健康和健美的需要为前提，尽量考虑学生集体参与运动的部位，使其身体的内脏器官、各部位肌肉、韧带、关节等都得到科学而全面的发展。这就要求教师在高校健身健美操的创编过程中，使整套健美操动作能保证身体得到全面发展，具体来说应做到以下几点。

第一，对健美操动作的选择方面要趋向运动的全面性，如走、跑、跳、转体、踢腿、造型等。

第二，使健美操动作路线的长短、曲直的搭配合理。

第三，在创编健美操时应当考虑动作方向的上下、左右、前后、斜向变化。

第四，重视健美操动作幅度、速度、力度等方面的大小、快慢、强弱等对比。

（四）针对性原则

高校健身健美操创编的过程中要针对学生的特点来进行创编，做到因人而异、有的放矢，具体如下。

第一，针对不同年龄的创编。高校学生大都在20岁左右，因此教师在创编健身健美操时要突出青年人的豪迈与激情、蓬勃与朝气，所以选择音乐的节奏要明快强劲，练习强度要大，动作幅度要大、动作力度要强。

第二，针对不同性别的创编。一方面，以高校女生为对象进行的健美操创编要适当增加肌肉力量的练习和跳跃动作的练习，健美操的动作要求舒展优美、柔中带刚、刚柔相济；另一方面，以高校男生为对象进行的健美操创编要选择和设计能体现出男子的阳刚之气、豪放之情，强调动作力度、展示出男子强壮、刚劲。

第三，针对不同运动水平的创编。针对初学者，健美操创编的动作应以基础性动作为主，简单易学，避免过多的动作变化与转体类动作，运动强度中等偏下；针对有一定基础的学生，健美操的创编应着重于形体的改善，气质的培养，动作的难度应适当增大，也可以适当加入队形和风格的变化。

（五）一致性原则

将健美操的"声"（音乐）和健美操的"形"（动作）有机结合起来是高校健美操创编的客观要求。教师在创编健身健美操时，要遵循一致性原则，具体表现如下。

第一，做到健美操音乐与动作的风格一致。

第二，做到健美操动作的高潮、低谷与音乐的起伏一致。

第三，做到健美操音乐节奏与动作节奏的一致。

第四，做到健美操成套动作的时间与音乐的时间一致。

第五，健美操是健、力、美的统一体，教师在健美操的创编中要强调美与力的结合。

（六）创新性原则

创新始终是健美操不断发展的动力，高校健身健美操的创新主要表现在以下两个方面。

1. 动作的创新

其主要是指教师在健美操的创编过程中从动作方向的变化、动作节奏的变化、动作路线的变化，成套组合动作的变化，以及造型的变化，队形的变化中寻求创新。根据人体结构的运动规律设计新颖动作。

2. 音乐的创新

在健美操的配乐中，不论是民乐、西乐、打击乐，都可以大胆地进行选择，突出健美操的特色。

二、高校健身健美操创编音乐的选择

（一）音乐的种类

1. 爵士乐

爵士乐采用的和声手法是从欧洲音乐中吸收而来的，是欧洲文化与非洲文化的混合。爵士乐的特点为：旋律由连续不断的切分节奏组成；拥有变化多端的节奏，音色鲜明而强烈；多使用强有力的打击乐器；和声丰富，多即兴演奏。

2. 摇滚乐

摇滚乐又称滚石乐，从爵士乐中派生而来，它继承了爵士乐演奏的即兴性。摇滚乐有快有慢，常有节奏反复，给人以摇摆之感。

3. 迪斯科

迪斯科源于美国，流行于 20 世纪六七十年代的欧美。它追求快的节奏，重音重复不断地出现，主要特点是旋律的切分节奏明显，更强调打击乐，多采用单拍子，重复不间断地出现，充满活力。

4. 轻音乐

轻音乐普遍是指轻松愉快、生动活泼、浅而易懂的音乐，一般不表现复杂的内容和重大的思想主题。现在所提到的轻音乐主要分为五类，即轻松活泼的舞曲、轻歌剧、电影音乐和戏剧配乐、通俗歌曲及流行歌曲、日常舞蹈音乐和民间曲调。

（二）音乐的影响因素

音乐是健美操创造的重要组成部分，不同音乐的选择经常会产生意想不到的效果，因此，在健美操的创编过程中要充分考虑影响健美操音乐的各种因素，从而选择恰当的音乐形式和音乐风格。

1. 节奏

音乐的节奏是通过节拍来表现的，节奏是乐音长短和强弱关系的统称，主要体现乐段与乐段之间长短和强弱关系。一般音乐的节奏是不可以改变的，但是高校健身健美操动作的节奏却是可以变化的，在健美操的创编过程中，一小节音乐可以做一个动作，也可以做几个动作，但无论怎样变化，一定要使音乐和动作完美结合，以增强健美操的表现力。

2. 旋律

一方面，高校健美操的创编中，选择的音乐要有系统的结构，充分利用音乐的这些特点能使健美操很好地表达音乐的意境，使音乐形象化；另一方面，健美操创编中选择的音乐必须与动作变化配合一致，使音乐和动作产生"共振"效果，增强整套操的表演性，以使练习者的情感体验随着健身活动的进行而得到升华。

3. 风格

目前，健美操音乐的选择大多取材于迪斯科、爵士乐和摇滚乐，音乐节奏欢快、铿锵有力，动作力度和表演效果强，但缺乏自身特色。因此，教师在健身健美操的创编中要重视对健美操音乐特色和风格的挖掘和创新。

4. 音效

在健美操实践中，音效能对健美操的动作起到夸大、提示、增强效果的作用。因此，要重视对健美操音乐中音效的调控，音效越鲜明、定位越准确就越能体现表演者的水平、体现创编者的才华。

（三）音乐选择的要求

健美操的创编过程中，选择的音乐应掌握健美操音乐与动作的内涵因素，并合理运用音乐所蕴含的艺术载体，使动作与音乐完美结合。具体来讲，健身健美操音乐的选择应从以下几个方面入手。

1. 音乐的选择要符合练习者的特点

在健美操实践中，练习者的运动能力（速度、强度、灵活性等）的发挥受其心理特征的影响。对于不同的大学生，气质类型不同的人完成动作的风格各异，因此应根据练习者气质的特点选择、编辑音乐，使健美操的音乐符合练习者的技术水平和表现能力，同时还应使音乐符合练习者的性别、体形、气质等特点。

2. 音乐的选择要突出健美操的特色

作为健美操的重要组成部分，音乐的风格可以突出个性、对锻炼者起到带动作用。音乐的风格受时代的变化、民族区域、环境、作者风格等因素的影响。在编排音乐时，音乐的选择应符合健美操的特点，可以根据需要在多首乐曲中选择剪辑片段，但是必须考虑将几组音乐剪辑到一起后的整体效果。健美操的创编者可以通过改变音乐节奏、转换乐器等方法使音乐与动作统一起来。

3. 音乐的节拍和速度要适中

音乐的节拍和速度是由健美操规则决定的，健美操音乐的速度应始终一致，并且至少应有一个八拍体现动作的节奏变化。在具体的编排实践中，就速度与节奏而言，如果时间一定，节奏与动作越复杂、越快，运动强度就越大，反之越弱。创编者应根据练习对象的特点来确定音乐的节拍和速度。

4. 音乐的结构和层次要完整

一套完整的健美操音乐往往是通过几个不同的音乐剪辑衔接而成的，创编者在决定取舍健美操音乐的某一部分时，不能破坏音乐的基本结构形式，而是利用它为健美操的动作和风格服务，使健美操音乐在有限的时间内塑造出有鲜明特性的音乐形象和结构特征，使健美操的音乐形象丰满、充实，让人回味。

5. 音乐过渡和衔接要自然

既然健美操的音乐需要经过编辑，那么在健美操音乐的编辑过程中就要特别注意在音乐的衔接处不能存在明显的痕迹或不顺畅的感觉。衔接音调要做到吻合，要符合乐理、乐段、乐句之间的转换。

6. 音乐时间和气氛要合理

在健美操的创编过程中还应注意两个重要的方面。首先，根据健美操规则的规定，在音乐的选编过程中，音乐必须符合规则规定的时间要求（1分45秒~1分50秒）；其次，音乐选用的气氛不同，练习者的训练效果就会有所区别。因此，健美操的创编者在选择成套音乐时一定要考虑到音乐气氛对健美操风格的烘托。

7. 音乐特效运用要恰当

特效是一种夸张的手法，音乐特效音能增强节奏感，使一些细节更生动、形象，在健美操的运用中能使难度动作更具动力感，达到视觉和听觉上的冲击效果。因此，创编者要合理运用健美操的音乐特效。

三、高校健身健美操创编的程序

高校健身健美操创编的程序是指在创编高校健美操时实际操作的先后步骤与流程。有序地进行健美操的创编不仅有利于提高创作的效率及质量，还有利于对健美操的结构及形式进行分析和改进。

（一）总体设计

总体设计是在创编者有了明确的创编健美操的目的、任务及充分了解参与者的具体情况后，有针对性地对整套健美操进行初步的设想。为设计整个套路构建一个框架（包括整体风格、动作内容、成套操的时间、难易程度、音乐的节奏和速度、运动量和运动强度等），然后在这个大框架的前提下再进行填充。一般的高校健美操的总体设计有以下两种方法：确定成套动作风格特点——构思成套动作结构——素材的选择与确定——按创编原则编排分段动作——按顺序组合成套动作——音乐的创作与剪辑—评价与修改；确定成套动作风格特点——音乐的选择与剪辑——素材的选择与确定——建立基本结构——按创编原则编排分段动作——按顺序组合成套动作——评价与修改。

1. 整体风格

健美操的整体风格是参与者通过各种身体动作、动作节奏的变化，以及与音乐相一致的内在的情绪和情感的表现所展示出来的成套高校健美操的整体特征。

创编者在整体构思时，要先考虑所创编的成套高校健美操需要表现什么样的整体风格，能够给练习者留下什么深刻印象。在创编过程中，要充分考虑学生的年龄、性别、身体素质、运动能力、个性特征等，进行有针对性的、符合实际情况的创编。

2. 动作内容

动作内容是由成套高校健身健美操的整体风格决定的。动作应能充分体现创编操的整体风格，突出大学生活力四射、朝气蓬勃的特点，适当选用一些节奏强劲、速度快而有力、复杂多变的上肢和下肢动作作为基本内容。在具体的创编实践中，无论创编者选用什么样的动作作为基本内容，都要力求新颖、美观、大方，同时还要遵循身体活动的顺序性原则，逐步地、分层次地使练习者全身能够得到充分和均衡的锻炼。

3. 动作时间

在健美操时间的安排上，应依据创编操的性质而定。一般的健身健美操的时间多在 10 分钟左右，有的高校健美操也可在 20 分钟左右，中间可以穿插一些重复性的动作。

4. 难易程度

健美操动作的难易程度要根据学生的身体素质和锻炼水平来决定。创编者可以通过一些健美操的基本步伐和简单、易操作的力量练习来测试练习者的基本身体素质。根据参与者在这些方面的表现来综合考虑动作的难易程度，尽量做到扬长避短、突出参与者的气质和特点、展示参与者的风采和水平。

5. 音乐构思

对健美操音乐的构思应根据成套高校健美操的整体风格来进行，选择与其相适应的音乐，也可待成套动作编排完成之后根据动作选配音乐，但无论选配什么样的音乐，都要求音乐能够渲染、烘托、表达出创编者创编健美操的情绪和意境，同时，使练习者在完成动作的过程中体验到健身的乐趣。

（二）动作素材的挖掘

通常情况下，健美操创编者在素材收集工作上主要靠平时的学习与积累。当目标确定后，在创编者的素材库中，选择那些适合目标的动作。

挖掘动作素材有多种途径，创编者可以通过文字、简图、录像等方法来获得所需素材，也可以请教专家或与同行进行学习和交流，获得所需的资料。在对素材进行筛选的过程中应注意：初选的动作素材要以创编操的目的、任务和参与者的基本情况为依据，充分考虑到参与者的接受程度。一般情况下，动作素材都源于身体各个部位可形成的动作，再形成不同形式、不同类型、不同组合的系列动作。身体动作只要不违背生理结构、符合规则的都可以被纳入健美操动作的创编过程中,首先找出基本动作,然后派生出许多动作而形成许多动作组合,再加上配合动作而形成一系列动作,运用到成套动作中。

1. 基本动作

健美操的基本动作是高校健美操创编的主要内容,指富有健美操动作特色的上肢和下肢动作极其上下肢简单的配合动作,它包括锻炼身体各个部位的基本动作,如头部、躯干、上肢、下肢等动作。创编者可以通过一些健美操的CD、录像、阅读相关书籍或参加专业的培训获得这些素材。

2. 过渡动作

健美操的过渡连接动作能使成套动作流畅,如行云流水。在成套健美操动作中,过渡动作起着非常重要的作用,它用以连接两个主体动作或两个动作组合,要挖掘过渡连接动作,创编者就要多观察、多实践、多创新,大胆尝试。

3. 队形设计

健美操运动过程中的队形设计是指一套操的队形变化方法的选编和创造。高校健身健美操的队形变化应该简单、自然、巧妙、便于操作。常用的队形有直线形、平行线形、弧线形、三角形、菱形、方形、V字形、十字形、丁字形等,创编者可以根据需要去进行具体的队形设计。

(三)分段与连接

高校健美操创编过程中的分段创编是把全套动作的创编化整为零,在这里以根据音乐结构创编成套动作为例讲解分段创编。创编原则建立结构的同时,考虑音乐对结构的制约。在创编成套动作时,可以将开始和结束部分进行重点编排,然后再根据音乐结构创编其发展部分,确定成套动作风格特点后,再进行分段动作的编排。

1. 划分段落

一般地,划分段落应根据动作的内容将高校健身健美操大致划分为三个部分,即开始部分、主体部分和结束部分。开始部分和结束部分较短,主体部分较长,其中主体部分包括基本动作和高潮动作,主要任务是规定每一部分的节拍、动作、情绪、表现方式等。

2. 分段组合

按照健美操编排原则，对动作素材进行创编，通常以4个八拍为一小节。每个组合由规定的若干个小节组合而成。动作与动作之间连接巧妙、过渡顺畅，将编排好的若干个组合分别放在开始、主体或结束部分，并粗略记录动作内容和大致位置。

开始部分：应安排简单易学，变化有规律，能使身体得到全面、充分活动，使练习者一开始就能够感到心情愉快舒畅，有浓厚的练习兴趣和迫切的练习欲望。

主体部分：是表现成套高校健美操内容的重要载体。对于高校健身健美操而言，这一部分内容应使练习者达到一定运动密度和强度，有利于肌肉、骨骼、关节匀称和谐地发展，促进血液循环，加强身体新陈代谢，增强心血管系统和呼吸系统机能，有针对性地进行身体各部分的练习。主体部分的动作幅度应由小到大，难度要由低到高。

结束部分：整套操的结尾，一般应安排整理放松运动。动作要求简单，舒缓，动作活动范围缩小，强度相对降低，速度相对减慢，逐步减缓动作速度，缩小动作幅度，缩小动作范围，减少身体活动部位，渐渐地使身体和心率恢复到正常状态。

3. 连接成套

把开始、主体和结束三个部分连接起来，组编成完整的一套健美操。通过让参与者进行试跳、删除、修改，替换明显不合理的动作，测试动作难易程度是否适合参与者，并最终确定整套健美操的动作内容和音乐编排。

（四）音乐的选配

音乐是健美操的灵魂，是激发创编者的创作热情，调动参与者表现欲望的重要因素。练习者在参与健美操健身的过程中，音乐节拍的强弱、节奏的轻重、音调旋律的美感、音质的悦耳动听与动作形象可在大脑皮层中形成一定的联系。因此，可以通过音乐加强练习者对动作的记忆和想象能力，从而达到动作自动化，并在此基础上融入练习者的情绪，激起中枢神经系统的兴奋，使之更加完美地表现健美操动作。因此，在选配音乐时，要注意音乐与动作风格相一致，根据成套动作选配适合成套动作的音乐，使动作与音乐有机结合起来。具体来讲，健美操音乐的选配方法主要有以下两种。

1. 根据动作选择音乐

高校健美操音乐的速度具体如下：慢速为 16~18 拍/10 秒，中速为 20~22 拍/10 秒。教师可将搜集好的乐曲反复试听，并分析乐曲的结构、每段的情绪，看是否与成套动作的幅度、活动范围、动作性质相一致，如果一致则选定该乐曲。

2. 根据音乐选择动作

教师可以对喜爱的音乐进行反复分析，对该音乐已经了如指掌后，就要考虑编排动作的情况了。在编排过程中，首先应该考虑那些有代表性的、风格明显的动作，然后结合整个音乐的风格创编出与音乐相符合的健美操动作。

（五）修改与加工

高校健身健美操的创编者把收集好的动作与音乐反复配合进行练习，从整体角度去分析成套动作，并进行相应的修改与加工。具体如下所述。

（1）分析成套健美操的路线、音乐的配合、场地的运用是否合理。

（2）分析健美操动作的面向、角度、方向是否有利于动作的幅度和美感。

（3）分析整套健美操高潮的形成是否自然，形式如何。

（4）分析音乐的运用是否恰当，修改不合理的地方，使成套动作尽善尽美。

（5）如果在编排中有队形的变换，分析队形的转换是否具有最佳的观赏效果。

总之，创编者在健美操全套的动作和音乐成型后，要不断完善熟悉全套动作，再仔细雕琢，也可以聘请专家对成套动作进行指导，并提出宝贵意见，不断改进，直至完成成套动作的最终编排。

（六）记录

创编者在完成整套健美操的编排后，应对成套动作进行详细记录，做到图文并茂、简洁明了。记录成套动作的方法主要有以下几种。

1. 文字记录法

通过文字描述创编健美操的总体结构和框架、高潮阶段的表现形式、动作的特点等基本情况。具体应包括描述动作的做法，练习者手臂的位置、姿态，下肢的动作细节，动作的方向、路线、队形变换、注意事项等。

2. 简图记录法

健美操的简图记录法是通过画图的方式记录健美操动作的一种方法，该方法简明、形象、容易理解，能突出健美操动作技术的特点。用简图记录动作要用线条体现动作的位置、幅度、特点，要用特殊的符号体现动作的方向、路线及与器械的关系等。

3. 录像记录法

整套健美操创编完成后，应找练习者进行试跳，通过拍摄录像作为历史资料，以备参考。如果是多人试跳，则应注意服装统一、画面清晰。

四、高校健身健美操创编的方法

高校健身健美操的动作设计和创编是以大学生为对象，以增强体质，培养人的外在形体美和内在与物质、精神、情操为目的的。因此，高校健身健美操的创编必须要符合人体结构特点、符合人体活动规律、符合创编者对美的认识等，充分运用人体解剖学、运动生理学、运动心理学、运动医学、人体美学、舞蹈等知识。

（一）了解健美操的创编元素

要想更好地进行高校健身健美操的创编，就必须深入地了解健美操的创编元素，这里所说的健美操创编元素是指动作元素与音乐元素。

1. 动作元素

高校健身健美操的动作是指人体在空间的活动。动作是高校健美操创编的首要因素，创编者选择安全、科学的动作更加有助于练习者通过健身健美操的练习达到强身健体的目标。

2. 音乐元素

音乐是一种完整的艺术形式，有着其独特、系统、完整的表达方法与方式，健美操的动作在音乐的衬托下，使健美操更具有生命力与艺术性，使健美操具有更加广阔的表现空间。在创编高校健美操之前，创编者应该掌握有关乐理知识，认识乐曲结构，加强音乐素养的培养，了解音乐与动作之间的关系，加深对健美操结构的理解，合理选择健美操的配乐。

（二）收集健美操的动作素材

收集素材是进行高校健身健美操创编的基础和前提，创编者只有拥有了大量的动作素材，才能创编出丰富多样的健美操。对于一般的高校健美操教师而言，收集健美操动作素材主要有以下几种方法。

1. 观察法

观察法是指创编者通过在日常工作和生活中观察周围所存在的各种动作信息来收集健美操动作素材的方法。如在创编高校女大学生健身健美操时，可以通过观察舞蹈中展现女性美的动作，把这些动作应用到高校健身健美操的创编过程中。

2. 录像法

录像法是指创编者通过观看录像获取感性材料的方法，该方法能直观、便捷地直接获取相关项目信息。健美操创编者可以根据自己的实际需要有选择的选取相关录像材料进行观看，从中提炼出动作素材。

3. 记录法

记录法是指创编者用图画或文字的形式记录下通过各种途径获得的创编素材，通过对不同动作素材的分析、比较，深刻地认识各种创编素材的内涵，从而更加合理地创编出科学的高校健身健美操。

4. 实践法

实践法是指创编者亲身体验各种项目以获取技能进行动作创编的方法。与其他收集健美操动作素材的方法相比，实践法是一种较实用的方法，它能给初级创编者以最深刻的技术动作感觉刺激，使创编者在健美操的创编过程中灵活运用动作素材。

（三）健美操集体项目的创编

1. 整体法

整体法是指创编者对全套健美操动作进行整体的构思和设想。创编者对健美操的整体构思可以为整套健身健美操确定风格、时间长短、强度大小音乐选择、动作内容等，是对健美操细节进行修饰、进一步完善健美操各要素的基础。

2. 分解法

分解法是指创编者对全套高校健美操动作部分进行创编的方法，主要包括以下三个部分：准备部分应以拉伸动作为主；主体部分要始终保持跳的弹性，使整套动作达到高潮；结束部分是从运动状态过渡到静止状态，过渡要自然。

3. 协调配合法

协调配合是高校健身健美操集体项目创编的重要内容，是指两名或两名以上的练习者之间的主动配合，即指动作的表演或音乐的体现是通过两名或更多练习者共同完成的，包括练习者之间的身体接触和相互交流，都能通过优美、协调、默契的配合更加体现出健美操集体合作的特点。

4. 队形变化法

队形是高校健美操集体项目创编中不可或缺的要素，新颖独特的队形设计能有效地烘托出健美操成套动作的情绪与气氛。创编者设计的队形变化应遵循运动形式美的基本法则，充分利用场地，注意队形的纵深变化和伸缩的幅度及垂直面上的不同层次的高低变化，使空间结构充实饱满，引人入胜。

第二节　高校竞技健美操的创编

一、高校竞技健美操创编的原则

（一）适应性原则

竞技健美操的竞技比赛规则是衡量动作编排及完成情况的标尺，它对于判断竞技健美操成套动作艺术、完成、难度等各个方面具有至关重要的作用和意义。因此，健美操创编者在进行创编的过程中必须遵循竞技健美操的规则，适应不同阶段竞技健美操规则的变化和比赛环境的变化。

国内外各地区竞技健美操发展情况各异，我国自举行第一届"长城"杯健美操邀请赛至今已举办了多届竞技性健美操比赛，国内竞技健美操规则版本较多、变化较快应引起创编者的重视。以近几年竞技健美操规则的变化为例说明竞技健美操创编的适应性。

第一，竞技健美操规则要求健美操创编套路的时间为1分50秒~2分10秒，用两个八拍组合动作（一组对称动作，另一组由5个基本步伐、3个连接步伐的动作组合）与6类难度动作（平衡、跳跃、踢腿、柔韧、静力性力量、动力性力量）。取消了其他国际组织通用的4次俯卧撑、4次仰卧起坐、4次大踢腿的规定动作。

第二，竞技健美操规则取消了对称及组合性动作，保留了6类难度，发展为7个层次，对难度数量加以限制，一个成套动作中最多出16个难度，以12个最高难度计分。此外，还对操化动作的运用、场地空间的运用、动作的连接、艺术性、创新性做出具体的规定。

第三，竞技健美操的规则把6类难度合并为4类难度，即A类（倒地、俯卧撑、旋腿与分切）、B类（支撑与水平）、C类（跳与跃）、D类（柔韧与平衡）。难度动作数量限制为12个，只能出现两次腾空成俯撑动作，地上动作不得超过6次，同时取消艺术加分等。

第四，在FIC竞技健美操规则中，更加细化了裁判评分的内容，对集体项目的托举、配合更加清晰，同时加大了减分力度。

通过以上竞技健美操的变化，得出结论：高校竞技健美操创编者在进行创编前必须明确所要遵循的规则，对规则中所规定的各项条款、特定规则、补充规则的具体要求要进行认真的分析和理解，以使健美操的创编适应竞技规则的变化。

（二）竞技性原则

竞技健美操的最终目的是通过比赛取得理想的成绩，分出优劣，赛出水平。因此，在遵循健美操竞技性原则的基础上创编出高水平的竞技健美操是每个健美操创编者的出发点和前提。

约翰·艾特肯森（国际体联健美操委员会主席）在国际体联会议上指出"我们要严格维护健美操特色"，即在身体姿态的控制技术基础上的有节律的弹动控制技术，动作的难度与配合，动作形式的多样性与连贯性，运动负荷的高强度；运动员的身体素质（力量、灵敏、协调、无氧耐力、速度柔韧、平衡能力）、独特的吸引力（动作设计、动作、表现、表情与气质）、智慧（战略战术、成套动作的不同层次表现）、心理素质（情绪的稳定性）等。

因此，在竞技健美操编排中必须提高强度编排，体现出运动员的竞技能力，重视对影响竞技健美操强度的因素的分析，如动作速度（完成单个动作的时间快慢，展示动作力度）、动作幅度（大幅度地完成动作的能力）、动作频率（单位时间内完成动作的数量，快速动作的能力）、运动能力（抵抗重力时的爆发力、腾空高度，连续完成空中动作的能力）、运动耐力（在整套动作中保持心血管系统运动强度的能力），根据这些因素在编排实施中的影响，按照竞技性原则进行创编。具体如下。

第一，上肢动作在1个八拍内必须出现一次最大限度的上肢伸展，即出现一次垂直方向的最高点，注意不能只有单臂运动。

第二，下肢步伐要多采用高强度步伐，如采用后踢腿跑、弹踢腿、开合跳或步伐的组合形式，使下肢一直处于弹动状态。

第三，在成套动作中，必须出现1个八拍的动作节奏变化，即提高动作频率的编排，避免出现停顿性休息。

第四，增加区域移动的编排，增加身体运动的方向、面和转体。

第五，集体竞技健美操应减少队员间配合前的准备动作。

另外，创编者在追求健美操竞技性的同时，要充分考虑到运动员的运动水平和承受能力，不要冒险去尝试没有把握的动作。

（三）整体性原则

竞技健美操的整体性原则是指创编者在健美操成套动作的创编过程中，通过合理的组合和过渡使各类难度动作能够达到一种最佳组合状态使某一类难度动作不过分地集中出现。整体性是竞技健美操创编的根本，它的运用在创编过程中主要表现为对难度动作的选择方面。目前，在竞技健美操中，共包括323个难度动作，具体如下。

第一，俯卧撑、倒地、旋腿：占总难度动作的23%。

第二，分切：占总难度动作的53%。

第三，支撑：占总难度动作的12%。

第四，水平：占总难度动作的38%。

第五，跳：占总难度动作的53%。

第六，跃：占总难度动作的 25%。

第七，柔韧：占总难度动作的 10%。

第八，平衡：占总难度动作的 84%。

因此，创编者在进行竞技健美操的创编过程中，必须考虑到怎样的编排才能更好地展示出运动员整体的力量、柔韧、灵敏、耐力等身体素质。在竞技健美操中，不同的难度动作体现着不同人体的身体素质，所以创编者在进行难度动作选择时，还应考虑到所选择难度动作组别的数量比值的均衡性。

（四）针对性原则

在竞技健美操的创编过程中，针对性原则是指创编者针对运动员的特点和项目的特点进行具体的创编。

第一，竞技健美操的创编应针对运动员本身的特点，根据运动员与运动员之间存在的各种差异（运动能力、身体素质、技术、外形等方面的差异）进行。在竞技健美操的创编中，创编者应充分掌握运动员的个体特性及各方面的情况，并充分挖掘个人的特点，只有这样才能达到预期的目的。例如，对于柔韧性好的运动员，可编排难度较大的劈叉、平衡、多种方向的大踢腿等动作，充分地展示其舒展优美的体型和健美高超的身手；对于弹跳能力好的运动员，可适当多编排一些跳跃性强、难度大的动作，以充分地展示其弹性的跳跃步伐、轻盈的空中姿态。

第二，竞技健美操的创编应针对项目的特点进行编排。目前，竞技健美操比赛一般设有 5 个项目，即男子单人操、女子单人操、混合双人操、三人操、六人操。以集体性项目的创编为例，集体性竞技健美操强调整体性和一致性，讲究队形画面感（对称或均衡及整套动作造型的全景效果），重视运动员之间的同步与配合动作的巧妙组合；再以竞技健美操的单人项目为例，创编者只需要考虑核心运动员动作语汇的丰富性和特定动作的难度性即可。

（五）艺术性原则

竞技健美操是通过人体的动作来表情达意的艺术，以人体动作作为表现自己的物质手段，以具体可视感的形象高度显示出人的灵巧、力量、智慧、精神风貌、思想感情等。在比赛中，运动员通过面部表情和动作的展示来感染观众、超越自我、表现艺术之美。具体来说，竞技健美操的艺术表现美体现在三个方面。动作：各种动作能轻松地完成，动作舒展优美，有力度感，节奏感好；音乐：韵味不足，能充分地展现美，能感染观众和裁判，使人印象深刻，使人得到美的享受；动作和音乐的完美配合。

竞技健美操作为体育竞赛项目，对其艺术性方面的要求更加复杂。因此，创编者更应该注重遵循艺术性原则，应从以下几个方面入手。

第一，整体结构设计的艺术性：张弛有序、高潮迭起、有节奏感。

第二，音乐选配的名术性：使音乐为健美操的整体效果推波助澜、锦上添花。

第三，队形设计的艺术性：选择最能展示动作美的队形，使整套操的风格更加鲜明、统一，体现出美感。

（六）创新性原则

创新是竞技健美操的生命，要想在竞赛中脱颖而出，就必须有新颖、独创的动作和音乐选配。

在竞技健美操的创编中，创新可以从动作的创新、音乐的创新、队形的创新、连接的创新等多方面着手。其中，动作的创新是其他创新的基础，应该予以重视。创新性原则体现在竞技性健美操创编过程中是突出其编排的独特性。创编者只有在创编中有目的、有方向、有尺度，才能充分展现出竞技健美操的魅力，取得预期的好成绩。

二、高校竞技健美操创编的音乐选择

音乐是竞技健美操创编的灵魂。竞技健美操中音乐的作用主要是烘托动作气氛，通过音乐与动作的完美结合，使成套动作在音乐的伴奏下，更完美、更艺术化。在竞技健美操成套动作创编中，仅有一首好听的音乐远远不够，还必须要有一套符合音乐情绪与节奏变化的成套动作编排，使动作与音乐相吻合，使音乐在成套动作中表现出来。高校竞技健美操创编的音乐选择具体如下。

（一）音乐选择的影响因素

1.竞技健美操规则的相关规定

以国际体操联合会的健美操竞赛规则为例，其中对健美操音乐方面做出如下规定：第一，音乐必须有利于表现运动员的个性特点与技术风格；第二，健美操风格必须与音乐的理念和谐一致；第三，动作必须与音乐的特色和谐一致；第四，经剪辑的音乐必须表现情感自然、转换流畅；第五，音乐中的动效，应视为音乐的一部分，音质高、音量适宜。

2. 运动员的风格和气质

每个健美操运动员都是一个独立的个体，他们所处的生活环境、社会环境、教育经历、运动水平、身体素质等因素不同，因此会有不同的个性和各自特有的风格与气质。竞技健美操创编者在选择成套音乐时注意到了这一点，根据运动员的风格与气质特点，要做到扬长避短，发挥出运动员最优秀的一面。

3. 项目特点

竞技健美操包括男子单人、女子单人、混合双人、三人、集体六人五个项目。比赛项目不同，音乐的选择也应有所差异，即创编者应根据不同的项目特点来选择不同的音乐。例如，男子单人的音乐应该宏伟、有气势、鼓点节奏较强，而女子单人的音乐应韵律较强、稍有柔中带刚，能体现出女性健康的美。

（二）分析音乐风格

音乐风格是展现动作与艺术性的动力，它可以为创编者提供创作的源泉、激发创编者的灵感。与健美操整套动作相符的音乐风格能恰如其分地表现出动作特点，突出健美操的艺术效果，并给动作带来生命。创编者在高校竞技健美操的创编过程中应对音乐的结构、节奏、旋律、配器等诸多因素进行分析，找出动作与音乐的完美结合点。

目前，所提到的音乐风格主要有民族风格、乐派风格、曲式风格，不同风格的音乐有着不同的色彩。在健美操这一艺术表现形式中，音乐的风格引导控制着动作的风格，音乐风格受时代、民族、地域、环境、作者等诸多因素的影响。因此，创编者应该认真分析不同音乐的风格特点，反复感受和体验音乐的风格特征，为创编整套健美操动作和促成动作与音乐的契合做好充分的准备。

（三）音乐的剪辑制作

1. 剪辑音乐

对分析、选择好的整套音乐进行分段，从中选取所需要的段落，然后将各个段落进行自然、流畅、有特点的衔接，重视设计新颖的开始与结束。

2. 制作音乐

Gold Wave 是一款很好的数码录音及编辑软件，它不仅可以对音乐进行许多的效果处理，还能将编辑好的文件存成 WAV、AU、SND.RAW、AFC 等格式，还可以不经声卡直接抽取 CD-ROM 中的音乐来录制编辑。用 Gold Wave 制作音乐的一般过程如下。

第一，打开已选音乐。先打开 Gold Wave 的界面，在窗口右下方打开播放声音以及录制声音的设备控制窗口。使用 File 菜单中的 Open 命令或使用工具栏上的 Open 按钮打开已选好的音乐。单击设备控制面板上的 Play 按钮，播放音乐文件。

在播放波形文件的过程中，可以随时暂停、停止、倒放、快放，使用方法与普通的录音机一样。设备控制面板上的录音按钮可以录制人的声音，甚至可以把人的声音录制到一个已有的声音文件中与原有的声音混合，或直接覆盖原声。另外，通过属性按钮，可以定义自定义播放按钮的功能。用鼠标单击设备控制面板上的属性按钮，进入设备控制属性窗口，制作者可以定义设备控制面板中的自定义播放按钮的功能，如播放整个波形、选中的波形、未选中的波形、在窗口中显示波形、从波形开始处播放到选中部分的末尾处和从波形开始处播放、循环播放选中的波形等。

第二，处理音乐波形段。根据最新的国际体操联合会竞技健美操规则中的规定，一套完整的竞技健美操的动作时间为 1 分 40 秒 ~1 分 50 秒。因此，需要对音乐进行科学的处理：选择音乐的波形——拷贝音乐波形段——裁剪音乐波形段——粘贴的几种形式——使用声道切换试听。

第三，修饰波形文件。修饰波形文件是制作竞技健美操音乐的一个很重要的环节，是使波形文件成为一首高质量竞技健美操音乐的关键所在。在 Gold Wave 中，可运用功能键对音乐波形文件进行偏移、改变播放时间、增加回声、声音渐弱、交换声音等修饰。

第四，成品处理。将制作完成竞技健美操音乐刻录到 CD 盘中，一首竞技健美操音乐便制作成功了。

（四）添加音乐动效

添加音乐动效是为了增强成套竞技健美操的艺术效果，是竞技健美操的重要组成部分。健美操创编者在建立好成套动作的基本框架后，要不断对动作进行修改和润色，使每一个难度动作都能与音乐有机结合。高校竞技健美操创编者在为音乐添加音乐功效时，要注意添加的音乐动效必须与动作有着紧密的联系，能够体现音乐动效的含义、体现音乐风格的个性。

三、高校竞技健美操创编的程序

通常将竞技健美操总体设计的过程描述为：总体设计——制定目标——选择难度动作——选择与制作音乐——选择动作素材——过渡与连接——配合——动作组合——搭建结构——组装成套—修改。具体如下。

（一）总体设计

与高校健身健美操相同，进行整套体操的总体设计也是高校竞技健美操成套动作创编的第一步，一般来说，竞技健美操的总体设计方法如下：第一，根据整体设想划分为若干部分或若干段，如分为开始部分（造型或入场）、主体部分和结束部分（造型或退场）；第二，设计出各部分或各段的主要队形和运动路线，确定各部分或各段大体的节拍数；第三，根据体操的风格、结构、长度及速度等选择去剪辑音乐。

（二）制定目标

制定目标是竞技健美操成套动作创编的第二步。因为只有目标明确，才能使竞技健美操的创编具有目的性，才能少走弯路、提高创编成功的概率，具体来讲，高校竞技健美操成套动作的创编目的如下：第一，竞赛类型：竞赛类型不同则比赛规则不同，创编者必须根据竞赛规则合理选择和编排难度动作；第二，比赛对象：分析比赛对象的特点是比赛的重要组成部分，如果健美操创编者能根据不同的比赛对象有针对性地进行创编，便能合理制定比赛战术；第三，比赛目的：比赛目的直接影响健美操创编者的创编想法。

（三）选择难度动作

难度动作是竞技健美操的重要组成部分，竞技健美操创编者在创编一套成熟的竞技健美操动作时，应充分考虑运动员的特点，选择出适合自身运动的12个难度动作，在整套健美操中，难度动作要体现出多样性特点。

目前，竞技健美操的难度动作分为 4 个组别，共有 323 个难度动作，组别的难度动作比例如下：第一，A 类动作：占总难度动作的 23.53%；第二，B 类动作：占总难度动作的 12.38%；第三，C 类动作：占总难度动作的 53.25%；第四，D 类动作：占总难度动作的 10.84%。

因此，竞技健美操创编者在进行难度动作选择时，要考虑到所选择难度动作组别的均衡性，使成套动作的难度动作数量比值合理、不重复。同时，难度动作的选择要符合竞技健美操规则的具体规定，如难度动作必须是 12 个；不能出现超过 6 次地面的难度动作；难度动作不能缺组；不能超过两次成俯撑落地的动作；不能重复难度动作等要求。

（四）选择动作素材

一套优秀的竞技健美操区别于其他竞技健美操的重点就在于有独特的个性特点，即健美操的风格。每个人所编的健美操都有它自己的风格和特点，在动作素材的选择、动作形态的设计上都有所不同。一套完整的竞技健美操的风格主要是根据创编者的特长、项目特点、运动员特点等来确定的。

竞技健美操动作素材的选择和健身健美操动作素材的选择不同的是，创编者必须分清楚哪些动作适合作为难度动作、哪些动作应该衔接为过渡动作，哪些动作可以编排成个性动作，特别是哪些动作是独创动作等。如果有必要，创编者应将动作素材（尤其是难度动作）先放到组合动作中进行检验，看看是否可行有效。

竞技健美操动作素材的来源是十分广泛的，它主要源于身体各个部位可形成的动作，以及不同形式、不同类型、不同组合的系列动作。一般情况下，只要不违背生理结构、符合规则的身体动作都可以被创编者纳入竞技健美操的创编过程中。创编者可以先找出基本动作，再派生出许多动作从而形成许多动作组合、形成一系列动作。如头部动作的屈、伸、转、绕等基本动作，通过方向、方位、面的改变，可以派生出许多连串动作、组合动作、对称与不对称动作。

值得提出的是，创编者在选择竞技健美操的动作素材时，可以吸收邻近项目动作，通过改编将其运用于成套动作之中，如竞技体操中的自由体操动作、武术中的动作、舞蹈中的变形动作等。

（五）过渡与连接

在成套的健美操动作中，竞技健美操的特色内容、难度动作、托举动作、配合动作等的过渡和衔接是非常重要的，它不仅能增加竞技健美操的艺术性，还能减少训练或比赛过程中运动损伤的发生。

竞技健美操的不同动作通常是以动力性的方法连接在一起的，一个动作必须自然轻松地引导着另一个动作，体现成套动作的整体连续性。一般来说，过渡动作是指连接空间变化的动作，如从地面到站立的动作就是过渡动作。连接动作是指操化动作与配合动作、或托举动作、或难度动作在同一空间的连接。

首先，新颖的过渡动作更能吸引裁判员和观众的注意，能给人留下深刻的印象。创编者在成套动作的编排过程中，应在遵循规则的基础上尽可能地运用不同的过渡动作，创编出新颖独特的过渡动作。

其次，连接动作能充分体现竞技健美操成套动作的动感美。竞技健美操规则大多要求在成套动作中避免相同的衔接动作，尽量采用复杂的动作衔接来体现竞技健美操的多样性，并通过复杂动作的完美完成体现运动员的竞技能力。因此，创编者在动作的编排上应尽量减少停顿感，使连接动作要流畅、自然。

（六）配合

竞技健美操的规则规定：竞技健美操动力性和身体上的配合是动作的表演或音乐的体现，是通过两名或更多运动员共同完成的，要求运动员之间是主动性的身体接触，不允许任何一转中运动员身体出现腾空。对于高校竞技健美操而言，新颖、优秀的配合动作应紧密围绕成套动作主题和风格，通过配合动作使人印象深刻，充分体现健美操成套动作的创造性，将音乐和成套动作的主题恰当地表现出来。

因此，创编者必须具备较高的艺术内涵和丰富的艺术灵感。在成套动作中，竞技健美操的动力性配合必须至少出现两次，但在编排中建议创编者尝试采用两次以上的动力性配合动作，以增加运动员间感情的交流，体现整体效果。

应特别指出的是，托举动作是竞技健美操成套动作中很重要的一部分。托举是指在成套动作中一名或多名运动员被托举、支撑或抬离地面，其结构不能超过两个人的站立高度，同时在完成动作过程中，被托举者必须与同伴保持接触。创编者要想设计一个新颖的托举动作，就必须在充分收集动作素材的基础上发挥想象、结合集体项目运动员的个人特点进行创编。

（七）动作组合

竞技健美操的整套动作从开始到结束是一个完美的整体，运动员在任何位置都要有强烈而明显的节奏和韵律，动作做到紧张与松弛交替，时时刻刻都应该是一尊优美、生动的艺术雕像来表现出形体艺术。

首先，竞技健美操要求动作与音乐达到完美统一，体现出成套动作的艺术性。创编者在进行成套动作的设计过程中，包括难度动作、小巧的联合动作和造型动作的设计以及在场上的移动，都要充分考虑音乐体裁的风格、旋律和音乐形式。使音乐的选配与成套动作做到完美结合。

其次，竞技性健美操动作组合的创编是在总体布局与动作设计的基础上进行的。因此，创编者应根据整套健美操的风格特点，合理进行动作组合。以根据音乐结构创编成套动作为例，可将竞技健美操分为开始部分、发展部分和结束部分，具体操作如下：

第一，依据创编原则建立结构，同时考虑音乐对结构的制约。

第二，创编成套动作时，可以先将开始和结束部分重点编排，再根据音乐结构创编其他部分。

第三，确定成套动作风格特点，选择素材，建立结构，进行动作组合。

（八）搭建结构

竞技健美操的结构就是整套健美操的骨骼，它支撑起健美操的整个成套动作。竞技健美操的结构应当根据通常使用的三个基本部分而建立，即开始部分、发展部分和结束部分。对于竞技健美操的结构划分通常以音乐在开始的部分为序，结束部分为终止。

首先，在音乐的序与终止中，音乐的节奏与配合具有非常重要的作用和意义。创编者应该抓住这个机会，尽力地发挥自身想象力，编排新颖、有吸引力的动作。

其次，发展部分是整个健美操成套动作的主体部分，也是体现运动员竞技能力的重要部分，在这个部分中，创编者应该尽力在遵循规则的情况下，进行个性化创编，体现成套竞技健美操动作的创新性。

（九）组装成套

当创编者基本完成对竞技健美操的分段动作组合后，可以按结构框架把分段动作组合排列起来，审视其中连接是否顺畅合理。

在将分段动作组合成成套动作时，可以先以 4 个八拍为一段进行组合，认为该组合动作满意后再进行下一个 4 个八拍组合动作的编排，直至成套动作完全编排结束。在组装成套动作时，创编者应该注意以下两点。

1. 难度动作的确定

创编者对竞技健美操难度动作的安排必须根据音乐的结构、运动员的实际能力、难度动作的空间运用等各方面因素来确定。然后安排难度动作在成套动作中出现的先后顺序。在安排难度动作时，应考虑到场地和空间的使用，在实际的编排过程中，创编者尽量不要将两个地面难度动作放在一块完成。

2. 空间利用的和谐

竞技健美操规则规定运动员在完成成套动作的过程中，必须均衡地使用比赛场地与空间。通常把竞技健美操的比赛场地分为 4 个角和中央地区，运动员必须移动到每一个区域至少一次。因此，创编者在竞技健美操的编排过程中，要每一个区域运用一次非常容易，但必须考虑如何以新颖独特的方式到达每一个区域，以及在每个区域做什么样的动作，以使裁判或观众获得最佳的视觉效果。

（十）修改

创编者在初步完成一整套竞技健美操动作后，要先进行初步的实践，再根据规则及创编原则进行评价与修改，使成套动作更趋于合理与完善。在进行实践检验的过程中，如果成套动作有不足之处，则应参考创编原则进行修改。修改工作一般在成套动作创编完成之后进行，但有时修改工作也可与创编同步进行。

在对整套健美操进行修改的过程中不要过分地停留在细节问题上，过分纠缠细节问题就会使创编陷入困境，停滞不前。因此，对成套创编的修改，可以在进行整体、全面的分析后逐步完成。

四、高校竞技健美操创编的要求

（一）符合进步性

在人类社会的历史发展进程中，任何一种生活现象都有两种趋势，即肯定趋势与否定趋势，肯定趋势就是美。竞技健美操是一种肯定生活趋势的形式。

竞技健美操是在规定的空间与时间内以展示人体活动机能为主要形式来表现人体美，它以动作为主要形式来展现生活的进步性，它以"动"和"情"相结合的主要形式来表现人类生活中的美。

因此，竞技健美操在今后的发展中要突出以"健"和"动"为主，创编者编排的一般进程应是从动作创编的动作表象到形成部分套路与渗入生活情思的意象再到整套动作形象的过程，使竞技健美操的创编体现出生活的进步性，使之在发展中表现出生活进步性的独特特征，从而不断促进竞技健美操运动本身的不断发展。

（二）符合目的性

美是人类社会历史发展的客观必然要求，是合乎目的的一种美好的生活追求。自然界及动植物是无所谓目的的，有目的是人的活动的特点。客观世界不会主动满足人，而人也不能去违背自然规律。因此，人可以在不违反规律的前提下改变世界、满足自我。

健美操竞技要存在与发展，就要在按照美的规律来塑造人类自己的规律性中求得自己的特性，以区别于其他运动项目的形式，从而跻身于竞技体育之林，使之在人的生活目的性的满足方面有所收益。因此，对竞技性健美操运动强度的创编非常重要，这是竞技健美操创编者不断地提高创编水平、适应人类需求，以促进竞技健美操发展的重要思路。

第三节 高校健美操竞赛的组织方法

高校健美操竞赛一般分为互相紧密细致地联系的三个阶段，即赛前、赛中、赛后，高校健美操的竞赛组织具体如下。

一、赛前机构的组织

在高校健美操竞赛的组织工作中,应先成立组织机构,再由组织机构进一步安排接下来的组织工作。

(一)建立组织机构

一般情况下,应根据竞赛规模的大小,在赛前 20 天左右就成立组织领导机构。

(二)制定比赛规程

比赛规程是高校健美操比赛的指导性文件,所有参赛单位和个人都必须严格遵守。因此,制定竞赛规程时必须准确、仔细。比赛规程的内容一般应包括比赛名称、主办单位、比赛级别、比赛规模、比赛项目、竞赛时间、竞赛地点、参赛单位、参赛方法、竞赛方法、决定名次方法等。竞技健美操比赛规程应在赛前 2~5 个月发到各参赛单位和竞赛组织的有关部门。

(三)编排比赛日程

高校竞技健美操比赛日程的编排应根据该次比赛的时间、参加单位和人数,科学合理地制定。一般情况下,高校健美操比赛日程为 1~2 天。

以比赛日程为 1 天的高校健美操为例,具体比赛安排如下:第一,比赛时间安排:上午简单的开幕式后紧接着预赛,下午决赛和闭幕式;第二,场次及出场顺序安排:各队(个人)由抽签方法决定。抽签时一般有总记录长、总裁判长参加;第三,赛程安排:预赛后进入决赛的队(个人),在赛前再次进行抽签,决定出场顺序,未进入决赛的队(个人)视情况去安排食宿。

(四)编印比赛秩序册

高校健美操比赛秩序册需在赛前编印完成,发给各代表队和裁判员及有关人员。高校健美操比赛秩序册一般应包括如下内容:第一,本次竞赛组织委员会名单;第二,竞赛规程;第三,运动员、教练员及裁判员守则;第四,仲裁委员会名单,总裁判长、副总裁判长及裁判员名单,各代表队名单(领队、教练员、运动员);第五,大会活动日程表,竞赛日程表,各场比赛出场顺序表。

（五）组织裁判员学习

为了保证健美操竞赛工作顺利进行，赛前组织裁判员进行学习，使其熟悉和领会健美操比赛规则并进行试评，以提高其思想认识。健美操组织机构应高度重视裁判工作，力求整个比赛做到认真、公平、公正。

二、比赛程序的进行

（一）开幕式

开幕式是比赛的开始。在高校健美操比赛开始前，一般要有一个隆重而简短的开幕式，要求入场队形简单、美观、整齐。开幕式的一般程序如下：第一，主持人宣布大会开始；第二，裁判员、运动员入场；第三，领导致开幕词；第四，裁判员、运动员代表讲话；第五，裁判员、运动员退场。

（二）比赛过程组织

高校健美操竞赛的比赛过程组织主要包括以下三部分内容。

第一，赛前的检录工作。开赛前 10~15 分钟组织裁判员、运动员在指定的地点集合，检查人数，核对运动员号码，准备入场。

第二，比赛前、比赛中的广播宣传。广播员根据宣传组的要求和比赛中的实际情况进行宣传工作。

第三，比赛进行过程。比赛组织者以及裁判人员在岗、在位，认真履行其工作义务，使比赛能够有序地进行。

（三）闭幕式

闭幕式主要是进行颁奖工作，具体程序如下。

第一，宣布闭幕式开始。

第二，运动员入场。

第三，领导致闭幕词。

第四，总裁判长宣布比赛成绩；颁奖。

第五，运动员退场；宣布大会闭幕。

三、赛后的结束工作

闭幕式结束后,健美操竞赛的组织并没有真正结束,竞赛组织机构应立即将比赛成绩编印成册,并在运动队离会前及时发至各参赛单位(个人)及有关部门和工作人员。然后,竞赛组织的各部门安排运动员及工作人员离会,并及时进行竞赛总结工作,以便为下次竞赛的成功举办提供一些参考。

第七章 高校健身健美操的实践创新

第一节 高校健身健美操的价值与原则

健身健美操的主要目的是锻炼身体，增进健康，因此它的动作简单，实用性强，音乐速度也较慢，且为了保证一定的运动负荷和锻炼的全面性，动作多有重复，并均以对称的形式出现。它的练习时间可长可短，在练习的要求上也可以根据个体情况而变化，严格遵循健康、安全的原则，防止运动损伤的出现，在保证安全的基础上，达到锻炼身体的目的。

一、高校健身健美操的价值

健美操是时代的产物，是基本体操艺术化、动力化、健身化趋势的反映，也是一项具有实用锻炼价值的运动项目：长期进行健美操锻炼，能够增进健康，增强体质，改善体形体态，矫正畸形，调节自身心理活动，陶冶美好情操，提高神经系统机能，培养顽强的意志品质。

（一）健身功能

1.促进肌肉、骨骼系统的功能

经常从事健美操锻炼，可提高关节灵活性，增强肌肉和结缔组织的弹性。肌肉中布满神经感觉器官、血管和各种腺体，肌肉由纤维组成，具有收缩功能。经常进行健美操锻炼可使肌纤维变粗而且坚韧有力，其中所含蛋白质及糖原等的储量增加，血管变丰富，血液循环及新陈代谢改善，动作的耐力、速度、灵活性、准确性都增强。肌肉附着于骨骼，经常进行健美操锻炼，会改善骨骼的血液循环及代谢，使骨外层的密质增厚，骨质更加坚固，从而提高了抗折断、弯曲、压拉、扭转的能力。骨与骨相连形成关节，其周围由韧带和肌肉包围，进行健美操锻炼，可加强关节的韧性，提高关节的弹性和灵活性。

2. 促进内脏器官的功能

经常从事健美操锻炼，对身体许多器官系统会产生良好的影响。长期坚持锻炼，可以增加量，改善自身循环，从而提高全身供氧能力。

经常从事健美操锻炼，能使呼吸强壮有力，吸气时胸廓充分扩展，使更多的肺泡张开而吸入更多氧气；呼气时胸廓尽量压缩，排出更多的二氧化碳。长期坚持健美操锻炼，能提高每次呼吸时的气体交换量，这既有利于呼吸肌的休息又能提高呼吸系统的功能储备，从而保证在激烈运动时满足气体交换的需要，对维持人体旺盛的精力有利，提高机能水平。

经常从事健美操锻炼还能提高消化系统的机能。因为肌肉活动可消耗大量能量，加之胸腹部及髋部全方位活动较多，刺激了肠胃蠕动，可增强消化机能，有助于营养物质的吸收和利用；还能改善肾脏的血液供应，提高肾脏排除代谢废物的能力，从而提高人体对疾病的防御能力及抵抗能力。

3. 调节心理状态的功能

人的一切活动都离不开思想意识和心理活动。健美操锻炼不仅能形成健美的体魄，而且对人的心理状态也有良好的影响。通过优美明快的音乐节奏，活泼愉快的形体动作，使人陶醉在美的韵律之中，很快就消除心理上的紧张与烦恼，身心得到全面调节，精神面貌和气质都会有所改善和提高。特别是健美操是一种群体运动，在集体场所进行，能使练习者体验到个人与集体的关系，扩大人际交往，能互相交流情感，互相鼓励，起到协调人与人之间的关系的作用。通过集体配合练习，还有助于增进友谊、结交朋友、提高群体意识，可使人们忘掉苦闷和忧伤，逐渐恢复已经散失的心理平衡，调节人们的思想情感。

4. 促进神经系统的功能

健美操是在中枢神经系统的支配调节下进行的，反过来，通过健美操锻炼也能提高中枢神经系统的机能水平。它能够提高神经过程的强度，集中能力、均衡能力和灵活性，使人的视野开阔，感觉敏锐，分析综合能力增强，生命力旺盛。同时，还能提高人体的全面身体素质。经常参加健美操运动可使肌肉力量得到增强，肌腱、韧带、肌肉的弹性得以提高，从而发展了人体的力量和柔韧素质。练习中肌肉经常要工作到极限，产生酸痛和疲劳，从而发展了耐力素质。由于健美操运动是在强劲不间断的音乐伴奏下进行，其动作的路线、方向、速度、类型、力度等不断变化，可以加强人的动作记忆和再现力，在不知不觉及忘我投入的状态中提高神经系统的灵活性和均衡性，全面发展各项身体素质，提高人体的协调性。

5.促进塑形健美的功能

形体美是指人体外形的匀称、和谐、健美。形体主要是指全身各部位的比例是否匀称和谐；体态主要是指整个身体及各主要部位的姿态是否端庄优美。形体美基本上是由身高、体重和人体各部分的长度、围度及比例所决定，并受肤色、姿态、动作、风度及着装和化妆等因素的影响，因此，身体的整体指数与比例要适度。人体如果过分肥胖或过分细瘦，不仅形象会不雅，而且容易引起许多疾病。

健美操锻炼的独到之处，是它可以对身体比例的均衡产生积极的影响，特别是能增加胸背肌肉的体积，消除腰腹部沉积的多余脂肪，使体态变得丰满、线条优美、秀丽动人。此外，通过经常性正确的形体动作训练，能矫正不正确的身体姿势，培养正确端庄的体态，使锻炼者的形体和举止风度都会发生良好的变化。大学生长期坚持健美操锻炼，具有动作优美、体态矫健、保持青春活力的作用。

总之，坚持健美操锻炼，可以使人们的身体匀称、和谐、健美地发展；可以使人动作优美、体态端庄，从而塑造健美的形体，将理想形体的追求转化为现实。

（二）对健康的影响

1.对人体生理指标的积极影响

任何体育项目都会对人的生理状态产生影响，健美操运动自然也不例外，这种生理影响便是运动负荷的具体体现。适宜的运动负荷的刺激，能够有效地达到增强体质的目的。了解人体生理指标在运动中所产生的变化，这对于确定锻炼强度，获得最佳锻炼效果是大有益处的。

运动负荷是指进行各项体育活动时，人体所承受的生理负荷。运动负荷的大小取决于运动量和运动强度。运动量包括完成动作的数量以及持续的时间长短；运动强度是指完成动作所需要的肌肉力量，以及由此带来的肌体紧张程度，包括运动的速度、力度等。对于机体而言，心率是反映生理负荷的一个重要指标，它也是确定运动负荷的主要依据。

要了解心率在健美操运动中的变化范围，首先我们需要了解一下最高极限心率的概念。对于没有训练基础的人来说，其计算方法为：最高极限心率=220次/分钟-实际年龄。根据这一公式一个50岁的人最高极限心率为：220次/分钟-50=170次/分钟。对于有了一定体育训练基础的人，他的最高极限心率计算方法为：最高极限心率=205次/分钟-实际年龄的一半。比如，同样对于一个50岁的人来说，如果他具有了一定训练基础，那么他的最高极限心率应为：205次/分钟-（50/2）=180次/分钟。

由此可见，在同等年龄条件下，有过训练基础的人，他的最高极限心率要高于没有训练基础的人。

清楚了最高极限心率，就可以对于我们所从事运动项目的运动负荷加以界定。就大众健美操而言，它的运动心率范围应该是最大极限心率的60%~80%之间。不难发现，健身心率百分比越高，那么说明健美操的运动量、运动强度也就越大，即运动负荷越大，那么它对于人体产生的生理负荷以及生理影响也就越大。能够使心率保持在这个范围内的运动，属于有氧运动；如果超出了这个范围，则属于无氧运动。无氧运动在以健身为目的的锻炼中是不提倡的，如果心率低于这一范围，则身体达不到一定的运动负荷，就起不到锻炼的作用。

5. 对生理健康的积极影响

（1）健美操锻炼能够调整和改善呼吸及消化系统的功能。人们在进行健美操各种运动练习时，机体都会加大对氧气的需求，长此以往，能够使人肺部容积增大，肺泡张开率提高，同时吸氧量也成倍增加，呼吸肌则会变得更加强劲，从而使呼吸系统的功能显著加强。在健美操运动中，骨盆肌和腰腹肌的活动较多，这有助于加强肠胃的蠕动。同时运动中由于深呼吸次数的增多，胸肌和腹肌的上下活动也相应增多，这在客观上对肠胃等消化器官起到了良好的按摩作用。这些看似不经意的活动，对于改善消化功能，加强人体对营养的吸收和利用很有帮助。由于健美操锻炼使新陈代谢处于旺盛的状态中，肝脏功能也会得到一定改善。

（2）对于人的机体而言，健美操不仅能够塑造完美的形体，还能改善身体各个部位的协调性、灵活性和敏锐性，使运动系统中的关节、肌肉组织、韧带组织得到强化，能够使肌肉的力度和弹性以及韧带的活动能力有大幅度的加强，使其生理功能进一步提高。

（3）健美操并不是单纯只对肢体的活动产生积极影响，它对于体内循环系统及相应器官的功能都有一定的改善作用。健美操锻炼可以使心肌纤维增粗，使心肌收缩的力量加强，提高心脏的输出血量及供血能力。这样有助于血液对脑细胞氧分和能量的供给，从而全方位提高大脑的思维能力。健美操运动还可提高身体的有氧代谢功能，使体内处于闲置状态的脂肪尽快燃烧，减轻内脏器官的多余负荷。

6. 使人精力更加旺盛

健美操不仅具有健身美体的作用，长期进行健美操练习会使人表现出更旺盛的精力，拥有更强的免疫抗病能力，从而使身体功能一直处于平稳正常的状态，所以经常坚持做健美操对于延缓衰老有一定的积极意义。

（1）健美操可以改善人体内分泌

健美操的锻炼可以提高机体的免疫能力，使人体抗病能力加强，减少疾病的发生，从而推迟衰老的进程。衰老的另一种表现是神经营养下降，激素调节作用降低，健美操对这一不良状况也可以有效改善。

（2）健美操锻炼可提高人体催化酶的活性

人到了一定年龄后，体内生物催化酶的活性开始降低，酶的活性是指酶的催化作用，在人体内进行的所有合成、分解、代谢等过程，都需要酶的催化作用，在进行健美操运动时，机体内的物质合成、分解代谢速度均有提高，能够刺激酶活性的提高。

（3）健美操可促进新陈代谢

随着岁月的流逝，人体会出现一系列的衰老特性，首先是新陈代谢速度显著下降。有氧健美操运动可以有效地促进机体的新陈代谢，改善各项代谢功能，使体内物质的合成与分解代谢维持在一个相对平衡的状态中，在进行健美操运动时，体内物质将进行有氧氧化，分解为二氧化碳和水，产生能量，以此满足机体的需要，此时机体的新陈代谢水平便会显著提高。

二、高校健身健美操的动作原则

健身健美操的练习目的是锻炼身体，保持健康，它的核心是基本动作，健身健美操的任何组合动作都是以基本动作为元素进行编排的。很多学者对其进行了探究，如基本步伐的研究，澳大利亚专家 Grege 等人把健美操的所有步伐按动作本身的名称分为 12 种：踏步、踏并步、V字步、交叉步、移动步、开合跳、提膝跳、弹踢跳、点步、后踢腿跑、吸腿、弓步。而澳大利亚的 IrIgred 把基本步伐综合为 4 大类：踏步、踏点步、点步、移动步。马鸿韬等人依据分类学原理和健美操项目的特点把健美操步伐（下肢动作、非难度动作）分为两大类：非腾空类动作、腾空类动作。研究者的创造性结果与凭借的方法是不可分离的，这些结果和方法都是围绕健美操的根本原理所展开探求的。

（一）动作的基本要求

1. 适中的动作力度

所谓力度，在体育运动中是表示肌肉运动时收缩的强度。但这种强度在健美操运动中，不能用推起一个重物或抛出一个物体的力量来衡量，它应该是在节奏性屈伸中表现出的一种力量，并能"爆发出力的旋律"。而在通常的健美操锻炼中，往往会出现这样的现象，某人在做动作时非常用力，累得满头大汗，但结果给人的感觉却是沉重和吃力。这就是没有正确掌握好力度的原因。根据人体的需要及健美操表现风格上的需要。动作的力度一般采用弹性用力、急停用力和抖动用力来加以表现。

（1）弹性用力，这是人体在做屈或伸之后即刻回位的动作。最易于表现人体用力时的一种刚柔相济之美。

（2）急停用力，这是人体在做屈或伸之后有一个短暂的停顿。这种动作既能表现一种力量，又能使动作做得舒展大度。

（3）抖动用力，这是人体某一部位在一拍当中，做若干次幅度较小的连续性动作，给人一种震颤感，表现出人的灵活程度。正确地运用力度，把握力度，能帮助提高动作的节奏感、韵律感和表现力。

2. 到位的动作幅度

在健美操运动中，幅度是动作进行时所能达到的最大活动范围。它主要体现在动作的位置、路线和方向上。动作幅度的大小直接影响动作的强度、动作的节奏和动作的美感。动作幅度相同，单位时间内完成的次数不同，其强度也就不同。次数多，则强度大，反之则小。

动作幅度的大小，不仅决定运动的强度，运动的不恰当，还会破坏动作的节奏，造成动作间的连接不鲜明，并影响动作的美感，使动作的力度、舒适度得不到充分的展示。

3. 动作的规范性

动作的规范，即动作的标准，健美操的动作规范性是根据人体解剖学、人体美学等原则而定的。某种动作锻炼某一部位，某种动作有些什么要求，某种动作能达到什么效果，都有其严密的科学性。而这些动作的规范既能保证动作的质量，又能培养人良好形体状态的基本保证。

健美操动作的规范性，主要表现在动作的用力方式，诸如振动、摆动扭动、跳动等方式上；动作的路线，即从预备姿势到结束姿势所经过的路线；动作的位置，即某一动作完成后所在的位置；动作的姿态，即手臂、手指、脚尖、膝盖等必须符合动作要求和美感要在大众健身活动中，不少人认为只要以"动"为主要活动内容，不管进行什么样的运动，都可以起到健身的作用，其结果往往是缺乏针对性而感到乏味和效果不佳。健美操运动之所以深受广大群众青睐，关键在于它本身就是一种具有针对性的"动"。不同内容的健美操，有其不同的目的，不同的健美操动作，可以锻炼不同的体位。只要你按照一定的动作规范去认真锻炼，就可以有效地达到健身美体的目的。如果练习者不按动作的要求标准去做（不及或过之），其结果必定影响锻炼效果，达不到预期的目的，甚至会破坏人的正常体态。

4. 动作协调

动作的协调性，是指运动时身体各部位之间相互作用、相互配合的恰到好处和协同一致。动作具有协调性，这是人体肌肉控制能力良好的一种反映，并是其动作具有一定美感的基础。

健美操对动作的协调性有着很高的要求，健美操是一项塑造人体美的运动项目，又是一项颇具艺术美感的文化活动，动作协调才能产生动作韵律，才能产生美感作用，否则，动作呆滞、配合失当，也就无韵律和美感可言，当然就更谈不上塑造人体之美了。

5. 动作具有一定的美感

在体育运动中，动作的高度准确和协调会给人以美感，这种运动之美正是体育创造美感世界的最高境界。在健美操运动中，其准确和协调则表现为动作完成的轻松、自如、连贯、流畅、舒展、大方、刚劲、优美和明快。

健美操的美感是在长期锻炼和准确完成动作中逐渐形成的。唯有准确，才是健美操呈现美感的基础。从一般意义上讲，准确也就包括了健美操动作在力度、幅度、规范性、协调性等方面的要求。而在这几方面若不适度，不到位，那么也就没有什么准确可谈了。力度和幅度能使动作刚劲、明快，规范能使动作稳健，协调能使动作轻松、自如。这其中缺少任何一条，都将破坏动作的准确，破坏动作的节奏，破坏动作的美感。因此，对健美操美感的要求，说到底，还是对健美操动作的高质量要求而已。因此，我们在通常的健美操锻炼时，一定要根据动作要求，经常在"准确"上下功夫，在"质量"上求发展。再者，既作为运动项目又作为文化活动的健美操还是一种人的精神活动。因此，要想使健美操跳出一定的美感来，一定要注意培养自己的健美操修养、健美操意识，要在长期的锻炼和重复中找一找精神上的"感觉"。这需要时时注意控制自己的姿态，使各部位动作在力度、幅度、节奏等方面均获得较高的协调感、韵律感和自由感。

6. 动作具有表现性

动作的表现性，是指练习者通过外在的动作来表现内在的精神、气质、情绪、灵感，并使之具有鲜明的个性特征。

现代健美操具有浓厚的时代气息，是广大爱好者的认同心理、趋群定识、求美心态的一种表现和反映。因此，所有学跳健美操的人，都应当保持一种自信、乐观、向上、欢娱、朝气蓬勃和团结友善的精神风貌。每一个动作，每一个神态，都应该努力表现出人的内在精神和生命力。

在个性表现特征上，从审美的角度来看，有力的动作，表现出的是刚毅美；优美的动作，表现的是典雅美；协调的动作，表现出的是灵巧美；挺胸抬头，表现出的是自信美；含胸垂首，表现出的是多思美；欣喜的神态，表现出的是内心的充实美；深沉的仪表，表现出的是成熟美。以上说明，动作和姿态的不同，所反应的内在气质和情绪就不同，精神和情绪的好坏，也会通过动作和神态表现出来。所以，不断追求和完善健美操动作和姿态的完美，是培养和充实内在美的手段；而内在美的提高和完善，同时又对健美操的动作美和姿态美起着积极的促进作用。两者相互作用、相辅相成的结果，才能使健美操的动作表现力更加突出，更加完美。因此，人们在进行健美操锻炼时，首先要保持一种乐观向上的心态，尽量使动作做到尽善至美，同时，还要在动作求进步、求发展的时候，注意不断充实和提高自己的内在素质；另外，学跳健美操不要忘记深刻领悟乐曲的精髓，力求与之共鸣，以有效调节自己的内在情绪和精神。使动作更具神韵和更富表现力。

总之，健美操动作的基本要求，是多方面融合的一个整体。它们之间又是一种相互联系，相互依靠、相互促进、相互制约的关系。只有很好地掌握完成动作的各个环节，符合完成动作的各种要求，并在对立统一中求完美、求发展。

（二）动作的原则论

健身健美操的动作原则从其目的因、动力因、形式因、限制的质料因出发，才能与它的本意相应。因此健身健美操的动作原则是：以自然务向用力为法则，适合健身健美操运动特征形式的、安全有效地实现健康、力量、美丽的标准动作。

1. 动作原则和方法

亚里士多德的四因说为探讨健身健美操的动作原则提供了方法。四因包括质料因、形式因、动力因、目的因。健身健美操的基本动作是质料因，健身健美操的运动形式是形式因，形式因加上质料因构成了静态的健身健美操，也显示了与其他项目的区别。人在健身健美操运动中的技术手段是动力因，静态的健身健美操加上人的实践，成为一个动态的过程和一个实现健康的过程。锻炼身体、保持健康是目的因，是最终达到的目的。

健身健美操的动作原则不是指四因中的任何一个，如果只从质料因探索，达到的目的是基本动作的研究；形式因只是运动形式；动力因是所有运动技术手段的研究；目的因是最终达到的结果。

动作原则的探究，首先要确立健身健美四因间的关系，其次凭借相关的方法论考察健身健美操的特征，把握其本质，最后才能论及动作原则的界定。

2. 健身健美操的形式因

健身健美操的形式因是指具体的运动形式。健身健美操属于有氧运动，有自身存在的特征，是健身健美操的特色，是健身健美操所表现的独特风格。这种独特风格反映在动作姿态上，就是躯干直，成一直线位置，臂腿有力，外形清晰。如果考证体育其他项目的专项技术，都存在着一个姿势的正确的问题。如田径的跳高技术，为什么背越式跳高能跳得高，是因为它能最大限度地发挥人体的潜能。健身健美操运动形式同样是最大限度地锻炼身体，保持健康有力的方法保障。

健身健美操的正确姿势还必须有自己的形式，符合动力性、韵律性和准确性。动力性是指动作生动地连接在一起，动作的每一拍都要清晰。韵律的本意是好听的。健身健美操的韵律性指通过音乐的节奏与动作产生对应，不但从视觉上能给人以享受，而且与听觉上意象相符。如音乐产生的听觉意向是一种草原的表象，健身健美操动作与旷荡的奔马的动作或强烈的跳跃动作相匹配，就会收到良好的效果，这些都与动作的准确性相连。健身健美操的形式因要呈现的身体姿势是人体运动机能的自然用力动作，在这个基础上表现动力性、韵律性、准确性的特征。它是健身健美操项目区别于其他项目的不同特征，这种不同是价值上的不同。

3. 健身健美操的动力因

健身健美操的动力因是它发展的动力。就是说健身健美操目的的完成要通过一个发展的动态过程，这个过程是一个从潜能到实现的过程。通过动力因健身健美操的形式可以实现到质料上，健身健美操就达到并完成了它的目的。

健身健美操的动力因实际上是一种技术要求，通过技术要求把形式实现到质料上。健身健美操的形式要求人体机能的自然方向用力，技术要求就是不违背自然方向的用力。归根到底就是安全地、有效地锻炼。如开合跳，跳开落地时在足跟着地前稍屈膝缓冲，双脚经前脚掌迅速过渡到全脚掌的动作是正确的，而足跟不着地的动作是错误的。再如屈膝时膝关节的方向还要同脚尖的方向一致，才会更能保证自身安全，屈膝时的角度范围应该是膝关节不超过支撑脚的脚尖，才能保证躯干的直立位置，而当膝关节弯曲太大时，就会塌腰或者上体前倾。

(1)首先在自然方向用力的基础上要尊重事实,以正确的心态探索安全的自然用力动作。用知识论的观点看自然方向用力的动作,存在客观性知识和主体性知识的差异。如开合跳跳开落地时,足跟不着地的动作。从主体性的知识讲,可以造成强烈弹动的感觉,事实上是错误的。这是因为人以自己错误的美感观念犯客观性知识的结果。

(2)用正确的标准动作进行练习。自然方向用力的动作既不是自由发展的锻炼,也不是简单地维持,而是通过人的奋斗,利用自然的法则为人的发展做出一些贡献。因此从研究违背人体运动力学和人体生理学的动作中,总结出符合人体运动的动作。如反常规的关节活动、肌肉突发性强力拉伸、长时间的单关节重复活动等都应该避免出现。

(3)技术手段的有效性。锻炼的目的是健康,任何锻炼技术手段都要取得效果。因此,健身健美操的动力因是强调锻炼的安全性和有效性的,既存在于具体动作中,又存在于整体运动中。

4.健身健美操的目的

健身健美操的目的是锻炼身体、保持健康。深层意思是人的健康、力量、美丽。要真正实现健美需要一个无穷的奋斗过程。因为人受时间的限制,不同时期就会有不同的目的和要求。这也是健身健美操一直蕴含的意向。

健身健美操自身也存在目的与技术手段的矛盾。从目的讲,实现健康、力量、美丽有很多种渠道和方法,是多元化的。从这里也就不难理解健美运动、韵律搏击、HIP-HOP、拉丁有氧健身操、现代舞、爵士舞等健身存在的原因。就健身健美操讲,是通过有氧运动以健美操运动方式达到目的的。我们可以借鉴相关的经验,完善健身健美操的不足。健身健美操的技术从形成到成熟的发展,实现了完善化并充分发挥其潜力,立足于技术原理,谋求不断地开拓和发展,并准备新技术跃进的条件。从另一方面讲,健身健美操的不断发展也可以刺激社会新的需求。

三、高校健身健美操动作的衔接

健身健美操是在音乐伴奏下运用各种不同类型的操化动作,融体操、舞蹈、音乐为一体的身体练习。其动作在衔接过程中必须遵循一定的规律及原则,对影响动作衔接美感的形体、节奏、力度三个主要要素需要符合人体机能的要求，打破对动作形式认识上的误区，增强健身健美操的优美性及表现力，更好地提高健身健美操的健身功能。

（一）健身健美操动作衔接中的"形体"

"形体"即"姿态"，是动作的空间概念上，身体或身体各部位运动过程中所处的状态。它的重要因素是人体各部位的实体形态。如手的形态是掌和拳等。手臂的直臂与屈臂。

下肢的形态常表现为绷脚尖、直膝、屈膝等形态。上、下肢，头与躯干的配合，其动作所占空间幅度大小和身体各部位组合造型中相互关系所形成的表现其特定美感特征的姿态即称形体造型。

形体造型中应表现为挺拔、高立的形态美与雄健、矫美的艺术美特征。如上肢的两臂上举，五指分开动作，它是健美操中常出现的造型姿态之一，练习时两臂充分伸直、拉开肩角，并配合头略抬，胸稍挺。这样，才能体现出造型的挺拔、高立的美感特征。下肢动作，如弓步的造型，两腿前后开立的距离大，后腿撑直，脚跟不离地，以表现出开阔、矫健的美感。四肢、头劲、躯干向某方向运动，在动作衔接过程中从一种姿势到另一种姿势，必须形成了直线或是曲线的动作路线。每一瞬间的动作也为一个造型，无数美的造型连在一起，将给观者视中枢留下"感觉记忆"到"一度记忆"。连续下去就好似拍了小电视剧，使观者获得动态美感，产生愉悦的审美感情。有些锻炼者认为，动作幅度越大，其锻炼效果越好。但如果双手上举过头，侧伸过后，则会给人以松懈的感觉，破坏了健美操的衔接的美感特征。

呼吸也能影响动作的表现力，它在一定程度上会影响姿势的造型，因为吸气或呼气、平稳或急促、憋气或喘息的呼吸形式都不同程度造成胸部的起伏。为了能更好地提高动作的表现力及动作衔接的流畅性，应根据各节运动的特点，对做动作时身体各部位所处的位置，呼吸的方式、节奏要进行相应的调整。如动作节奏较慢、幅度较大的伸展运动、头部运动等采用平衡自然的呼吸节奏，身体或某部位向上运动，如两臂上举、侧上举、上体抬起等，一般采用吸气，这样胸部上提，更能显示出挺拔，身体或身体某部位向下运动，或者动作从一种姿势到另一种姿势的转换时，则要用呼气来调节。做跑跳运动时，由于30

秒的跑跳是整套操的运动量达到最高峰，一般人的心跳可达到170次/分左右，此时，般采用以鼻吸气，以口呼气，配合面部表情的变化嘴稍张，力求做到呼吸的松快，给人以精神饱满，青春焕发的渲染。在整理运动部分，由于动作慢而轻松，一般采用深而慢的呼吸方式，使心跳逐渐恢复平静状态，呼吸与动作配合，力求达到完成动作的连续与精神美感的内容和谐统一。

（二）健身健美操动作衔接中的"节奏"

节奏是在时间的概念上理解动作从一种姿势到另一种姿势时，在一定的时间内，以快慢的形式呈现出来。健美操其运动负荷的安排应当符合人体运动合理的生理曲线要求，因此一套健美操的速度由慢渐快，跑跳部分使全套操达到了高潮，速度最快，再由快向上、向远伸展，给人以积极向上的感觉，其速度较慢。腿运动，要求发力，使腿迅速达到规定高度，并伴瞬间制动，这就要求速度较快。即使在某节运动中，由于四肢做动作时的屈、直形式、所指方向、运动幅度的变化，速度的快慢也有差别。一般地说，屈臂形式的动作速度较快，直臂做时则较慢。总之，拍与拍之间的速度变化，应与音乐的节奏变化相符合，节奏是韵律的变化，而韵律则是节奏的深化。动作从节奏进而达到韵律，可以在视觉上引起愉悦的美感效果，表现出鲜明的动态的韵律美。

（三）健身健美操动作衔接中的"力度"

力度是练习者在完成动作时，肌肉用力及动作变化的速度和动作熟练程度的外在表现，健美操动作刚劲有力、积极快速、力度感强，有相应的"加速"和"制动"。动作从一种姿势到另一种姿势，其速度不是平均分配，将要到达姿势的相对造型时，要求肌肉的加速与制动，表现出动作的力度。

综上所述，要使健身健美操动作具有更强的健身性，在动作衔接方面完全可以通过对动作的形体、节奏、力度的剖析与把握指导练习者，使教学变得具体生动，练习者容易领悟，对健身健美操动作衔接的流畅性和美感的认识从抽象而变得具体，避免盲目性。

四、高校健身健美操的技术训练

健美操运动技术训练的主要内容有：弹动技术训练，身体姿态控制训练，操化动作控制训练和规定动作、难度动作控制训练四个部分。

（一）弹动技术训练

弹动技术是健美操最重要的技术之一，它体现健美操的最基本的特征，也是用以区别其他运动项目的重要特征之一。健美操的弹动主要依靠踝、膝、髋关节的屈伸缓冲而产生，它的作用是减少运动对关节的冲力，从而减少运动对人体造成的损伤。在屈伸的过程中，腿部的肌肉要协调用力控制才能有效地防止损伤与产生流畅的缓冲动作。参与运动的肌群在整个运动过程中要进行协调控制，使运动变得流畅。

在练习弹动缓冲动作时，我们可以先练习踝关节的屈伸动作，练习方法有双腿原地直垂，身体正直、立踵、落踵。在充分掌握了踝关节的屈伸之后是膝与髋关节的弹动练习，练习方法为双腿原地直立，身体正直，屈膝半蹲，膝关节垂线不要超出脚尖，同时膝关节稍屈。在做髋关节运动时，身体稍向前倾，但臀部不要向后翘。这两部分的动作做熟练了，可以把两部分连起来做，使之形成完整的弹动与缓冲。在踝关节的缓冲过程中，主要参与运动的是小腿后部肌群，而膝关节、髋关节的运动主要由大腿、臀部、加运动。在完成各关节原地的弹动训练后，再配合健美操的基本步法进行弹动训练，训练方法有下面六种。

1. 踏步训练

首先进行一般性踏步训练。上体直立，由脚尖过渡到全脚掌落地，支撑腿落地时膝关节伸直，两臂屈肘于体侧，前后自然开始摆动。再进行弹动性踏步训练，脚尖接触地面后，踝关节有控制地过渡到全脚掌，支撑腿落地时膝关节微屈，使两腿有同时屈膝的过程，两臂屈肘于体侧前后自然摆动。

2. 弹踢训练

弹踢时，支撑腿膝踝关节弹动缓冲同时弹踢腿经屈膝发力弹踢，按动作要领首先做单腿不间断地弹踢练习，然后双腿交替练习。在两条腿交替弹踢过程中，支撑腿踝关节始终保持不落地的状态，原地动作练得熟练且有一定弹性时，可以进行行进间的弹踢练习。

3. 吸腿跳和跳踢腿训练

主要训练支撑腿的膝、踝关节弹动性，支撑腿膝、踝关节发力的同时，另一条腿提膝或大踢腿，支撑腿踝关节始终不完全落地，有控制地弹动，膝关节也没有完全伸直的时候，始终保持微屈的弹动状态。先连续吸或踢一条腿，之后再进行交换腿吸腿跳或跳踢腿。

4. 开合跳训练

两腿的弹动性体现在两腿分开与并拢的两处弹动上。先做两腿分开位置的弹动练习，再做两腿并拢位置的弹动练习，最后做一开一合的连续开合跳练习。

以上四种髋、膝、踝关节弹动训练，都存在脚尖完全离开地面的状态，所以训练中应注意落地时的缓冲训练，以提高整体动作的弹动性。

5. 原地髋、膝、踝关节弹动性训练

地面，两臂屈肘于体侧，前后自然摆动做踝关节屈伸的练习。

6. 原地连续小纵跳训练

两脚并拢，脚跟随音乐节奏抬起落下，脚尖稍离开地面，两臂屈肘于体侧前后自然摆动，做踩关节屈伸的练习。

（二）身体姿态控制训练

身体姿态控制训练是根据现代人的人体与行为美的标准而建立的。通常人体在运动中保持自然挺拔，头部稍稍昂起，颈椎、胸椎、腰椎在保持正常的生理曲线的情况下要挺拔，四肢要按照具体的动作要求在相应的位置上。在各项运动性项目的训练中，芭蕾基本功的练习早已成为许多艺术性、表演性项目的基本功训练必不可少的训练手段，利用芭蕾基本功练习的方法和手段结合本专项的特点，能达到较好的训练效果，健美操姿态控制训练主要内容有：把杆练习、单一舞蹈基本动作和组合动作练习。

1. 把杆练习

主要训练躯干、腿、脚的肌肉运动感觉。

2. 单一舞蹈基本动作和组合动作练习

主要训练身体各关节的灵活性，上、下肢身体配合的协调性及身体各部位肌肉的运动感觉，塑造良好的形态，培养正确优美的姿态，从而达到改善人的气质的目的。

在采用芭蕾训练方法时，应认识到健美操与芭蕾的区别：芭蕾要求头部是昂起的，而健美操要求头部与躯干在一条直线上；芭蕾要求手臂动作出现柔和的弧线，而健美操的基本动作则要求平直；芭蕾要求双腿外开，而健美操则要求双腿保持在正常的生理位置。

（三）操化动作控制训练

在整套动作过程中，无论动作怎样复杂多变，身体始终要控制在标准、健康的位置，即使在长时间的复杂多变的步法组合过程或动作中，整个身体的标准姿态也不应被破坏，同时还要体现出操化动作的力度、幅度和速度。每一个操化动作有清楚的开始与结束，动作开始时位置应准确，结束时会有明显的停顿。肌肉的用力做到有力而不僵硬，松弛而不松懈。操化动作控制训练可以在基本步法的技术要领掌握后，充分运用多变的形式来训练，训练方法有下面五种。

1. 原地纵跳训练

两脚并拢，屈膝发力向正上方跳起，两臂顺势从腰间向上摆动，落地于原起跳位置，此训练方法着重训练人体对身体重心上下移动的掌握和控制。

2. 剪刀跳练习

左右剪刀跳连续进行，身体重心始终保持左右平移而没有上下起伏；在练习时，首先两脚应都不离开地面，通过两腿膝关节的依次屈伸向左右方向平移身体重心，然后加上跳步进行剪刀跳的训练。

3. 改变动作数量的训练方法

增加动作数量，要求每个动作做到最后一遍身体重心控制仍然保持与做第一遍动作时一样。

4. 改变动作幅度和方向的训练方法

通过改变动作的幅度和方向来提高对身体的控制，首先采用小幅度向单一方向进行练习，逐渐加大动作幅度仍向单一方向进行练习，在动作幅度的加大而不影响重心位置的控制的情况下，改变动作的运动方向。

5. 改变音乐节奏的训练方法

先采用节奏速度慢的音乐来完成组合动作，然后采用节奏较快的音乐完成同样的组合；另外，可采用音乐节奏不变，但加快动作速度的方法。例如，用某一音乐节奏完成1个8拍动作，然后加快动作速度，仍用原音乐节奏完成2

个 8 拍动作，以此来提高自身对身体姿态的控制能力。

（四）规定动作、难度动作控制训练

规定动作的设置是随着规则的发展变化而变化不定的，目前规则中保留的四类规定动作有的沿用成为健美操的特色动作，如俯卧撑、踢腿等。规定动作训练首先要抓好一般性力量训练和柔韧练习，在此基础上按技术要求进行专门训练。难度动作训练是近年来健美操运动技术水平提高增加的一项新课题，从国际发展方向看，它已成为健美操训练的主要内容。首先运动员要根据自己的特点和能力选择难度动作，并进行专门的练习，复合型难度还应采取一些专门的手段和方法，这对健美操的教练员来说也是一个新课题。

1. 俯卧撑类难度动作的训练方法

这类动作主要的用力肌群在手臂、胸部、背部，用力时，肌肉要始终控制用力而把动作的起伏过程表达清楚。颈部、腰部、腹部、臀部、腿部属于辅助控制肌群，它们使身体保持正确的位置，肌肉的牵拉使肌体保持一种平衡的状态。这类难度训练应加强上肢及腰腹躯干的力量训练。例如做标准的俯卧撑 30 个，接着保持俯撑姿势控制 1 分钟，然后了解俯卧撑难度动作的动作要领，根据不同的动作要领进行学习和训练，一般要由易到难。

2. 倒地类难度动作的训练方法

首先训练着地的控制与缓冲。双腿屈膝跪立地面，上体直立前倒，屈肘，五指着地过渡到手掌缓冲落地。其次练习双脚并拢直立前倒，同样体会落地时手臂的控制与缓冲。最后练习加转体成俯撑的落地动作，在腾空落地时，手脚必须同时落地。

3. 旋腿与分切类难度动作的训练方法

做鞍部的挺伸练习时要抬头挺胸，掌要撑于地面，髋部挺伸，脚跟触地。然后做利用爆发力摆腿的练习，协调发力完成动作，最后做完整的旋腿与分切动作。

4. 支撑类难度动作的训练方法

加强上肢及腰腹、髋、腰肌力量的训练。臀部着地，双腿并拢举起，胸部尽力往膝关节处靠拢，在极限位置保持不动，然后做简单的分腿支撑和直角支撑练习。尚不能完成者，可用脚尖着地先撑起臀部，然后再训练支撑转体的动作。

先练习分腿或直角支撑左右手倒重心，再由脚尖摆动带领腿转动，然后左右手倒重心完成支撑转体，在此基础上发展新难度。

5.跳跃类难度动作的训练方法

跳跃动作可分为三个部分。

第一部分——起跳。起跳时腿部的发力直接决定了腾空的高度与方向。腿部在瞬间屈膝蹬地，强力伸展，尽量使人体给地面的作用力达到最大值，从而产生尽可能大的反作用力。

第二部分——空中姿态的控制。空中姿态是多姿多彩的，肢体运动部位的发力要与其他部位协调配合与控制。

第三部分——落地缓冲。主要目的是减少地面对关节、肌肉、内脏的冲力，避免造成损伤与动作失败。健美操的落地动作主要有3种。

（1）双腿同时落地或单腿落地。这类落地主要由腿支撑与缓冲，落地过程为脚尖—全脚—屈膝—屈概，在瞬间依次完成，用以分解地面对人体的反作用力。同时，躯干与手臂需要保持良好姿态，肌肉用力控制以保持动作的正确与稳定。

（2）落地成俯撑。这类动作必须手脚同时落地，以加大支撑面，同时手臂从手指—手掌—肘—肩弯曲缓冲。胸、背肌的用力收缩在缓冲中的作用是不容被忽视的。

（3）落地成叉。双腿由脚带动向两侧快速分开，腿必须伸直，有控制地滑叉，以免对膝关节造成损伤，绷脚可减少摩擦力，同时手臂可以辅助支撑以加大支撑面，保证落地的稳定性。

6.柔韧与变化类难度动作的训练方法。

首先发展身体各关节的柔韧性，然后根据不同动作的要领进行训练。例如，依柳辛的训练方法是：首先做后踢腿练习，然后做垂直劈腿练习，要求膝关节展开，膝盖伸直，脚尖带领腿往后上方摆动，然后支撑腿脚尖立踵，腿摆动带动身体转动，上体尽量靠近支撑腿膝盖，完成动作。

7.平衡动作的训练方法

平衡动作主要有静力性平衡与动力性平衡两种，无论是哪种动作都是主力腿（支撑腿）与动力腿（运动的腿）为主参与动作。主力腿在动作中起着稳定重心与支撑身体的作用。

重心和主力腿的纵向保持一致，用以稳定身体保证动作的平衡。动力腿是展示动作的部分，它的形态要正确与完美，且两条腿应协调配合。

8.转体翻转动作的训练方法

技术环节是身体垂直轴与水平轴的建立与控制，转体的轴主要是腿、躯干、头部的组合，这些部位应该始终保持在一条直线上。转体与翻转的动力来自于身体两侧，这些部位包括手臂、胸、背、腿，它们同时反向收缩并带动身体而产生旋转力。

第二节 高校健身健美操的实践创新

创新性是健美操创编的一项重要原则。首先要丰富自己，了解国内外健身健美操的发展现状和趋势，深刻理解健身健美操的精髓，然后根据健身健美操的特点、编操的特点及编操的对象，创编出既有健身价值又有美学价值，既有观赏价值又有表演价值，新颖、独特的健身健美操。

健身健美操创新就是将丰富多样的不同形式的单个徒手动作串成组合动作和成节动作，并根据音乐的节奏和旋律的变化，将其合理地连贯起来，组编成一套动作。健身健美操成套动作的创新不是简单的单个动作的罗列，而是根据健身健美操的创新目的，遵循一定的创编原则，来实现动作间的有机联系、和谐配合、完整统一。只有那些具有较强锻炼功效、运动负荷及难度适宜、富有魅力的健美操才能激发起人们的锻炼兴趣，吸引人们能够全身心地投入练习，并收到良好的健身效果。

一、高校健身健美操创新的原则与内容

（一）高校健身健美操创新的基本原则

1.安全有效性原则

高校开展健身健美操的最主要目的就是希望以此帮助学生强健体魄，学生

参与健美操也会是为了提高体质，保证健康。若参与健美操运动不仅没有强身健体，反而造成了身体损失，就得不偿失了。所以，要首先考虑内容的"安全性"再去进行健美操教学，动作的"有效性"也需要同时考虑。许多动作锻炼效果在健身健美操中非常有效，但安全性差。像是一些高强度的背部伸展运动确实能够在短时间内起到锻炼腹部肌肉的效果，但同时它也极易对脊柱产生较强的压迫，使腰部受伤，所以应该避免学生做这一动作。而有部分动作的安全性是可以得到保障的，但是对于学生强身健体来说，并不具备很高的有效性，所以，在进行健美操创新时应该注重"安全"与"有效"两者兼顾。

2. 针对性原则

高校健美操主要的服务对象就是学生，所以它的一切安排都应是围绕学生展开的，在进行课程安排时也要充分考虑学生的特点，有针对性的安排，根据其身体素质、运动能力、技术水平等进行针对性训练。通过这种训练方式更有效的锻炼身体，从锻炼中得到学习的乐趣。

要以学生的接受能力、协调性、方向平衡感、身体的肌肉力量等因素结合考虑组合改变方向、加大移动、节奏加快、重复做相同动作、选转身动作和转动幅度及跳跃动作等变化。只有详细的了解这些方面，教学计划才能富有针对性，教师的意图才能被学生理解。师生才能达到真正意义上的思想统一，培养积极健康的课堂氛围。

3. 合理性原则

高校健身健美操运动创新必须遵循的原则之一就是合理性原则。要根据人体生理解剖结构来创新健身健美操，合理、科学地搭配动作，使其能够自然、流畅地衔接。

（二）高校健身健身操创新的主要内容

1. 健身健美操审美观念的更新

审美标准是一个具有时代性的名词，它随着时间的推移而改变，具备强烈的时代特色。

在古时候，男人以壮为美，推崇阳刚之气，伟岸身姿。到如今，人们的审美标准随着时代变化，这是发展的必然结果。人们要兼得健康的体魄和美的愉悦。一个人的审美标准也会随着年龄的增长而改变，青年人偏爱青春洋溢之美，中年人追求优质生活之美，而老年人则享受热爱生活之美，人人都喜欢美，追求美，这一点是不分年龄和层次的。所以，我们可以看到日常生活中处处都散发着美，无论是在学校还是在健身场所，以及众多老年活动中心，都能够看到美的产生与传播。而人们对于美的追求，在健身健美操中能够被淋漓尽致地展现。

2. 健身健美操动作创编的创新

相较于其他国家，我国健美操发展的时间还短，但是发展的速度却是突飞猛进的。健身健美操发展至如今，已经在追求动作更灵活、技术更熟练、比赛更专业、形式更与国际接轨等更高层次的目标，越来越多的人受到健美操魅力的感染，愿意参与到其中来。在健身健美操中，丰富、灵活而又百变的动作是其重要特色，它不只是自我展现更是实现了自我完善。它展现生活，创新生活。因此，对生活的追求和创造是健身健美操动作呈现给人们的，健身健美操项目之所生命力强大，与特点鲜明的创新分不开关系。

一套健身健美操是否具有吸引力和号召力，是由动作编排决定的。因此应注意以下几个方面，进行现代健身健美操动作的创编与创新。

（1）将球类运动相结合进健身健美操中。篮球、排球、羽毛球、乒乓球等球类运动都能与健身健美操运动相结合，例如其中的跳跃、伸展等动作，除了能使身体的协调性、柔韧性和灵活性得到提高外，动作形式也能得到创新。比如，可以用体操中的跳跃伸展、技巧中的跪撑转身旋转来编排动作造型。这给健身健美操动作的创编创新，营造了巨大的发展空间，健美的结合使身体素质得到全面发展和提高。

（2）将武术运动与健身健美操相结合。武术动作中的踢腿、击掌、旋风脚、甩腰、鲤鱼打挺等分解动作融合进健身健美操中，最终形成如，武术健身操、搏击操等风格独特的武术健身操，体现出一个时代的英姿飒爽。

（3）将跳绳运动与健身健美操相结合。人们非常喜爱跳绳一类运动，尤其是年轻人，他们通过创新出各种跳法，丰富跳绳运动的内容，提升其娱乐性。在创新健身健美动作创编的过程中，将跳绳运动的动作特点融入进来，使其动作取自生活，创于生活，更具生活气息。

生活中的各种体育活动都与健身健美操的创新有着紧密的联系，各种各样的新形式接连涌出，真正做到了"从体育中来，到体育中去"。

3.健身健美操音乐的创新

音乐是健身健美操中非常重要的因素，所选音乐对动作节奏、表演效果影响直接。高校在进行健身健美操教学时，大学生学习的激情与活力能被音乐所激励，才能达到健与美、力与新的有机结合。由于健身健美操这一体育项目来源于国外，所以延续了国外的形式，例如迪斯科、摇滚、爵士乐等，是我们最初所使用的音乐。接触的初期阶段，人们十分新鲜，节奏感强烈起到了振奋人心的作用，进而使健身健美操的力度与效果得到提升。但是我国健身健美操运动的发展越来越快，具有中国特色和民族风格的健身健美操需求也在日益增加，人们的心理状态、情感思想、伦理道德和审美观念等都能反映出当代社会生活，因此我国健身健美操的音乐创新是当务之急。

我们要注意健身健美操进行配乐对编创动作主题的呈现。比如，想要体现出中华民族奋力拼搏的意志和精神风貌，可以使用腰鼓和京调的节奏来配合动作的变化，在健身健美操中融入浓郁的民族特色。

二、不同身体部位动作组合创新

在进行教学组合动作的编排创新时，应以基本组合练习为核心，用不同的排列和连接方法进行单一动作组合的编排，或多个动作组合的编排，从而发展学生的力量素质和协调性。

（一）熟悉健美操的基本动作

（1）头部的屈、转、绕、绕环。

（2）肩部的提、沉、绕、绕环。

（3）上肢的举、屈、伸、摆、振、旋、绕、绕环。

（4）胸部的含、挺、移。

（5）腰部的屈、转、绕、绕环。

（6）腿部的顶、提、绕、绕环。

（7）下肢的踏步、开合跳、吸腿跳、踢腿跳、弓步跳、弹踢跳、后踢腿跑等。

健美操基本动作是一切健美操组合与套路的构成因素，正确地掌握这些基本动作可为创编健美操动作组合及成套动作打下良好基础。

（二）创新高冲击步伐动作组合

丰富多彩、富有弹性的高冲击步伐动作是健美操的特色之一。这套跳跃动作组合共 10 个 8 拍，是由健美操的几种主要高冲击步伐，配以规范有力的上肢动作配合而成，经常进行练习有益于发展下肢力量，还有助于提高协调性。

1. 第 1 个 8 拍

1—2 拍左脚侧出成开立，同时两手叉腰（手握拳，拳心向后）；3—4 拍两脚起落踵 2 次；5—6 拍跳成并立，同时两脚起落踵 2 次；7 拍跳成开立；8 拍跳成并立，同时两臂落至体侧（五指并拢，掌心向内）。

2. 第 2 个 8 拍

1 拍左腿后踢腿跑，同时两手胸前击掌；2 拍右腿后踢腿跑，同时两臂肩侧上屈（拳心向内）；3 拍同 1 拍；4 拍右腿后踢腿跑，时同两臂胸前屈（拳心向后）；5 拍左脚跑跳成右侧弓步（左脚跟着地），同时左臂侧举（拳心向下），右臂胸前平屈（拳心向下），头稍左转；6 拍还原成并立，同时两手胸前击掌；7—8 拍同 5—6 拍，方向相反，8 拍两臂还原至体侧。

3. 第 3 个 8 拍

1 拍两脚跳成开立，同时左臂上举（五指并拢，掌心向内），右臂胸前平屈（五指并拢，掌心向下），目视前方；2 拍身体右转体 90°，同时右腿前吸，右臂胸前上屈（拳心向后），左臂胸前平屈（掌心向下）；3 拍左脚跳起成右前弓步，同时左臂肩侧屈（拳心向内），右臂侧举（掌心向下），面向 3 点；4 拍并腿跳，还原成立正姿势；5 拍右脚跳起，同时左腿前吸，两臂胸前平屈（拳心向下）；6 拍同 4 拍；7 拍右腿向前高踢腿，两臂侧下举（手握拳）；8 拍向左转体 90°，两脚跳成立正姿势。

4. 第 4 个 8 拍

同第 3 个 8 拍 1—8 拍，方向相反。

5. 第 5 个 8 拍

1—8 拍开合跳 4 次。1 拍左臂侧举，头向左转；2 拍左臂肩侧上屈（拳心向内）

头还原；3拍右臂侧举，头向右转；4拍右臂侧上屈（拳心向内），头还原；5拍两臂胸前屈（拳心向后），头还原；6拍两臂胸前平屈（拳心向下）；7拍两臂上举；8拍两臂还原至体侧（掌心向内）。

6. 第6—第9个8拍

同第2—第5个8拍，方向相反。

7. 第10个8拍

1—4拍向左转体360°，左脚开始后踢腿跑，两手胸前击掌2次；5拍左腿跳，右腿侧摆，两臂体后屈；6拍同5拍，方向相反；7拍右腿后踢腿跑，同时两臂胸前屈（手握拳，拳心向后）；8拍并腿跳成立正姿势。

（三）就部动作组合创新

髋部动作由顶股、提髋、绕髋和髋绕环动作组成。该组合是由髋的基本动作，配上手臂举、屈伸动作和头部动作组合而成。该组合内容简单，易学，练习者可根据自身需要，通过变化方向、练习次数增加运动负荷和练习的兴趣。通过练习有助于发展髋部运动的灵敏性和躯干与上肢配合运动的协调性。

顶髋：顶髋是指股关节做急速的水平移动，包括左顶、右顶、前顶、后顶。

提髋：指髋关节急速向一侧上提的动作，包括左提、右提。

绕髋和髋绕环：指髋关节做弧形、圆形移动，包括向左、右的绕和绕环。

髋部动作要求：髋关节做顶、提、绕和绕环时应平稳、柔和、协调，稍带弹性。

1. 第1个8拍

1—4拍左脚侧出成开立，同时两手叉腰；5拍向右顶舱；6拍向左顶跌；7—8拍同5—6拍。

2. 第2个8拍

1拍向右顶髋，两臂胸前平屈（拳心向下）；2拍向左顶髋，两臂下伸（拳心向后）；3—4拍同1—2拍；5拍向右顶髋，同时两臂经侧至头上交叉1次后成上举（五指并拢，掌心向前；两臂交叉时右手在前），抬头；6拍向左顶跪，同时两臂头上交叉1次后成上举（两臂交叉时右手在前）；7拍向右顶髋，两臂肩侧屈（手指触肩），头向右转；8拍向左顶髋，两臂还原至体侧（掌心向内），头还原。

3. 第 3 个 8 拍

1 拍向右顶舱，同时左臂胸前屈（拳心向后）；2 拍向左顶髋，同时右臂胸前屈（拳心向后）；3 拍向右顶胯，同时左臂前伸（五指分开，掌心向内）；4 拍向左顶舱，同时右臂前伸（五指分开，掌心向内）；5—6 拍左脚开始踏步 2 次，同时两手胸前击掌 2 次；7 拍两脚成开立，同时两手叉腰；8 拍不动。

4. 第 4 个 8 拍

1 拍向右顶舱，同时上体向右拧转 90°，两臂经胸前平屈至侧上举（花掌，掌心向外）；2 拍还原；3—4 拍同 1—2 方向相反；5—6 拍胯部向前顶两次；7—8 拍髋部向前后两次。

5. 第 5 个 8 拍

1—2 拍向右顶舱两次，同时左臂上举（握拳，拳心向外），右臂于体侧（握拳，拳心向内）3—4 拍同 1—2 拍方向相反；5 拍同 1—2，顶舱 1 次；6 拍同 3—4，顶锁两次；7—8 拍同 1—2 方向相反。

6. 第 6 个 8 拍

1 拍左脚收回成半蹲，同时两臂胸前屈交叉（手握拳，拳心向后）；2 拍右脚向右前侧出，同时提右腕，两臂侧举（开掌，掌心向下），头向右转；3 拍右脚收回成半蹲，同时两臂胸前屈交叉（手握拳，拳心向后）；4 拍同 2，方向相反；5—8 拍髋从左向右绕环一周。

7. 第 7 个 8 拍

同第 6 个 8 拍，但方向相反。

8. 第 8 个 8 拍

1 拍上体向左转 90°，同时右腿侧出，提右髋，同时两臂经胸前屈交叉（握拳，拳心向后）至侧举（花掌，掌心向下）；2 拍上体向左转 90°，右腿收回成立正姿势，同时两臂经胸前屈交叉（握拳，拳心向后）；3—4 拍同 1—2；5—8 拍同 1—4，但方向相反。

9. 第 9 个 8 拍

1—2 拍向左顶 2 次，左臂前举（五指并拢，掌心向下）；3—4 拍向右顶 2 次，右臂前举（五指并拢，掌心向下）；5 拍向左顶，左臂平拉至侧举，右臂胸前平屈；

6拍向右顶，两臂还原至前举；7拍向左顶，右臂平拉至侧举，左臂胸前平屈；8拍向右顶，两臂经侧落至体侧（常心向内），头还原。

10. 第10个8拍

1—2拍向左顶2次，左臂向外绕至肩侧上屈（握拳，拳心向内），头左转；3—4拍同1—2拍，方向相反。但左臂保持肩侧上屈；5拍向左顶，两臂胸前屈（拳心向后）头还原；6拍向右顶，两臂胸前平屈（拳心向下）；7拍向左顶，两臂上举，抬头；8拍向右顶髋两臂经侧落至体侧（掌心向内），头还原。

（四）身体各部优动作结合创新

此组合包含身体几个主要部位的运动，使身体得到较全面的锻炼。

音乐选择：旋律清晰、节奏强劲的迪斯科音乐，速度为24拍/10秒。

要求：动作协调有力，幅度大，有弹性，节奏准确，满怀激情。

预备姿势：直立。

第1个8拍：1—8拍保持预备姿势。

第2个8拍：1—4拍原地踏步，同时两臂体侧自然摆动；5—8拍向左转体360°继续踏步，同时两手胸前击掌2次。

1. 头部运动（2×8拍）

第1个8拍

1—2拍左腿屈膝（提踵）同时右腿伸直，头前屈；3—4拍右腿屈膝（提踵）同时左腿伸直，头后屈；5—6拍腿部动作同1，头左屈；7—8拍腿部动作同1，头右屈。

第2个8拍

1—2拍左腿屈膝（提踵）同时右腿伸直，右臂肩上侧屈（握拳、拳心向内），左臂于体侧（五指并拢、掌心向内），头右转；3—4拍1—2拍，方向相反，同时右臂侧举，头左转；5—6拍同1—2拍；7拍右腿屈膝（提踵），左腿伸直，同时右臂侧举，头左转；8拍右脚侧出一步成开立，同时两臂于体侧，头还原。

2. 肩部运动（2×8拍）

第1个8拍

1拍左肩上提；2拍左肩还原；3拍右肩上提；4拍右肩还原；5—6拍双肩

向后绕，同时双脚提踵落踵 1 次；7—8 拍双肩向前绕，同时双脚提踵落踵 1 次。

第 2 个 8 拍

1—2 拍左脚向左侧并步，同时左肩向左肩提绕 1 次；3—4 拍同 1—2，方向相反；5—6 拍脚步动作同 1—2，但左臂经前向后绕环至体侧；7—8 拍脚步动作同 3—4，但右臂经前向后绕环至体侧。

3. 上肢运动（4×8 拍）

第 1 个 8 拍

1—8 拍左脚开始踏步。1 拍左臂侧举；2 拍右臂前举；3 拍左臂上举，右臂侧举；4 拍还原；5 拍两臂侧举；6 拍两臂胸前屈（握拳，拳心向后）；7 拍上举；8 拍还原。

第 2 个 8 拍

1 拍左脚侧出一步成半蹲，同时两臂经肩侧屈至上举（开掌，掌心向前）；2 拍右脚并左脚还原成立正姿势（手握拳）；3—4 拍同 1—2；5—8 拍同 1—4，但方向相反。

第 3 个 8 拍

1—2 拍左脚侧出一步成左弓步，同时左臂向后绕环一周；3—4 拍同 1—2 方向相反；5—8 拍左右顶胯各 2 次，同时两臂由内向外绕环一周。1—2 拍右脚侧出一步成左弓步，同时右臂向后绕环一周；3—4 拍同 1—2 拍，方向相反；5—8 拍左右顶胯各 2 次，同时两臂由内向外环绕一周。

4. 扩胸运动（2×8 拍）

第 1 个 8 拍

1 拍左脚侧出一步成左侧弓步，同时扩胸左臂胸前屈，右臂侧举（握拳，拳心向下）；2 拍还原成开立；3 拍同 1，方向相反；4 拍同 2；5 拍左转 90°左前弓步，扩胸两臂侧举拳，拳心向下；6 拍上体右转 90°还原成开立姿势；7 拍同 5，方向相反；8 拍同时上体左转 90°成开立姿势。

第 2 个 8 拍

1—2 拍两臂侧举（掌心向下），同时向右移胸 2 次；3—4 拍同 1—2 方向相反；5 拍左脚收回两膝微屈，同时两臂胸前平屈（开掌，掌心向后），低头含胸；6

拍左脚向右一步成提踵开立,同时两臂伸直经前至侧举(开掌,掌心向前);7—8拍同5—6,但方向相反。

5.体侧运动(2×8拍)

1—2拍半蹲,上体左侧屈,两臂肩上侧屈(手扶头后);3—4拍上体还原;5—6拍同1—2方向相反;7—8拍同3—4。

第2个8拍

1—2拍左腿侧弓步,同时右臂经肩侧屈至上举(开掌,掌心向前),左手叉腰,上体左侧屈;3—4拍同1—2方向相反;5—8拍同1—4。

6.体转运动(4×8拍)

第1个8拍

1—2拍上体右转90°,两膝屈膝,两臂胸前屈(握拳,拳心向后)含胸;3—4拍上体左转90°,成开立,两臂侧举;5拍上体和头向左转,同时右臂肩侧上屈(手扶头后),左臂体后屈(手背贴于后腰);6拍上体和头还原;7—8拍同5—6拍。

第2个8拍

同第1个8拍,方向相反。

第3个8拍

1—2拍向右转90°,左脚并向右脚,同时两腿微屈成并腿半蹲,两臂胸前屈(握拳,掌心向后),稍低头;3—4拍向右转体90°,同时左脚向侧一步成开立,两臂经下向外绕至侧举(五指并拢,掌心向后),挺胸、立腰、抬头;5拍体前屈,同时两臂经胸前平屈后交叉下伸(手触脚面);6拍躯干稍抬起,同时两臂还原成下垂状态;7拍体前屈,同时两手触地面;8拍同6拍。

第4个8拍

同第3个8拍,但出脚方向相反。

7.跳跃运动(4×8拍)

第1个8拍

1—4拍左脚开始做后踢腿跑,同时两臂体侧自然摆动(握拳,拳心向内);第4拍两臂胸前屈;5拍右腿跳,同时左腿向前高踢,两臂上举(五指分开,掌心向前）；6拍左腿还原，同时两臂胸前屈（握拳，拳心向内）；7拍同5拍，但腿的方向相反；8拍右腿还原，同时两臂经侧落至体侧屈（拳心向内）。

第2个8拍

同第1个8拍。

第3个8拍

1拍右脚跳，左腿前吸，同时两臂胸前平屈（握拳，拳心向下）；2拍左腿还原，同时两臂落至体侧（拳心向后）；3拍腿同1拍，同时两臂侧上举（五指并拢，掌心向外）；4拍腿同2拍，同时两臂落至体侧（掌心向内）；5—8拍同1—4拍，但腿的方向相反。

第4个8拍

1拍跳成开立姿势，同时两臂体侧屈肘内收（掌心向内）；2拍跳成并立姿势，同时两臂还原至体侧（掌心向内）；3拍跳成开立姿势，同时两臂经侧绕至头上击掌；4拍跳成并立姿势，同时两臂落至体侧（掌心向内）；5—8拍同1—4拍。

9. 放松运动（2×8拍）

第1个8拍

1拍左腿侧摆跳，同时两臂左下摆（五指并拢，掌心向下），上体右倾，目视左下方；2拍还原成并立，同时两臂摆至体前下垂；3—4拍1—2拍，方向相反；5—8拍同1—4拍。

第2个8拍

1—3拍左脚开始向前后踢腿跑，原地跑跳步，同时两臂体侧屈自然摆动（半握拳，拳心向内）；4拍右脚并左脚成立正姿势，同时两手胸前击掌；5—7拍同1—3，但方向相反。8拍同4。

三、高校健身健美操的实践创新

青年健美操是依据我国健身操传统创编方法设计的健身型健美操，它包含身体几个主要部位的运动，使身体得到较全面的锻炼。同时该操比较简短、活泼，体现了大学生的特点。

练习者可根据自身的具体情况，按照难度分级选择适合自己的套路练习。

通过练习能够全面锻炼身体肌肉，消耗多余的脂肪。

1. 第 1 个 8 拍

（1）步伐：1—3 拍左脚开始向前走 3 步，第 4 拍右腿前吸，5—7 拍右脚开始向后退，同时第 8 拍左腿前吸。

（2）手臂：1—3 拍两臂自然摆动，4 拍两手胸前击掌，5—8 拍同 1—4 拍。

（3）手形：自然手形。

（4）面向：1 点。

2. 第 2 个 8 拍

（1）步伐：1 拍左脚侧点地，2 拍还原，3—4 拍反向，5—8 拍同 1—4 拍。

（2）手臂：1—2 拍左手向右前冲拳，右手于腰间，3—4 拍反向，5—8 拍同 1—4 拍。

（3）手形：拳。

（4）面向：1 点。

3. 第 3 个 8 拍

（1）步伐：左脚向左侧交叉步，5—8 拍反向。

（2）手臂：手臂自然摆动。

（3）手形：自然手形。

（4）面向：1 点。

4. 第 4 个 8 拍

（1）步伐：1—4 拍左脚开始踏步，5—8 拍开合跳两个。

（2）手臂：1—4 拍于臂自然摆动，5—7 拍手臂侧举，6—8 拍手臂于体侧。

（3）手形：拳。

（4）面向：1 点。

5. 第 5 个 8 拍

（1）步伐：1—3 拍左脚开始向前走 3 步，第 4 拍右腿吸腿同时左转 180°，5—7 拍右脚开始向后走 3 步，第 8 拍吸左腿右转 180°。

（2）手臂：1—3 拍，5—7 拍手臂自然摆动，4—8 拍胸前击掌。

（3）手形：自然手形。

（4）而向：1点。

6. 第6个8拍

（1）步伐：1拍左脚侧点地，2拍还原，3—4拍同1—2拍方向相反。5拍左脚后点，6拍还原，7—8拍反向。

（2）手臂：1拍右手抱拳于腰间，左手向右侧冲拳。2拍还原；3—4同1—2拍，5拍两臂前摆，6拍收于腰间，7—8拍同5—6拍。

（3）手形：拳。

（4）面向：1点。

7. 第7个8拍

（1）步伐：1—4拍左脚的侧交叉步，5—8拍反向。

（2）手臂：手臂自然摆动。

（3）手形：自然手形。

（4）面向：1点。

8. 第8个8拍

（1）步伐：1拍左脚跟前点，2拍还原，3—4拍反向，5—6拍左腿向前弹踢腿跳，7—8拍反向。

（2）手臂：1拍两臂前摆向前推，2拍还原，3—4拍同1—2拍，5—8拍掌跟向上推。

（3）手形：立掌跟。

（4）面向：1点。

9. 第9个8拍

（1）步伐：1—3拍向前走3步，4拍吸左腿，7—8拍接第2个8拍的1拍向前走3步。

（2）手臂：自然弯曲前后摆动，吸腿时击掌。

（3）手形：自然手形。

（4）面向：1点。

10. 第 10 个 8 拍

（1）步伐：1 拍左脚向前走 1 步，2 拍右腿前吸，3—4 拍同 1—2，方向相反，5—8 拍左右侧并步各 1 个。

（2）手臂：自然弯曲前后摆动，吸腿时击掌。

（3）手形：自然手形。

（4）面向：1 点。

11. 第 11 个 8 拍

（1）步伐：1—4 拍右转 90°向后做交叉步，第 4 拍右转 180°，5—8 拍左脚继续向后做交叉步。

（2）手臂：手臂自然弯曲前后摆动。

（3）手形：自然手形。

（4）面向：1—4 拍面向 7 点，5 人 8 拍面向 3 点。

12. 第 12 个 8 拍

（1）步伐：1 拍右脚向右迈步，2—6 拍连续吸腿 3 次，7—8 拍还原。

（2）手臂：1 拍两臂右斜上举，2 拍两手握拳于腰间，3—4 拍，5—6 拍同 1—2 拍，7—8 拍还原。

（3）手形：拳。

（4）面向：1 点。

第八章 高校竞技健美操的实践创新

第一节 高校竞技健美操训练

一、竞技健美操的体能训练理论分析

在竞技体育中，体能是以各种运动素质为表现形式的能动、综合特异地呈现出的运动能力。体能训练要通过对运动员身心的改造，带来身体形态、健康水平、机能水平和运动素质的综合发展，并着眼于特定专项竞技能力的整体提高。体能训练是运动员竞技能力训练的重要组成部分，是提升运动员竞技能力的重要途径之一。对于具体的项目而言，体能训练的内涵比身体训练的范围要丰富，不仅包含了传统身体素质训练的内容，还包括了与专项竞技能力高度相关的专项素质的内容。体能训练可以分为一般体能训练和专项体能训练，两者是相辅相成、辩证统一的。在训练实践中，两者并非是泾渭分明的，促进一般运动素质向专项素质的转移过程，必然要求一般体能训练和专项体能训练的结合。

（一）遗传与青少年生长发育规律

体能的获得会受到先天性遗传因素和后天环境的影响，体能的发展是遗传效应和后天训练效应共同作用的结果。人体运动能力的遗传特征，不仅是运动选材的先决条件，也为运动员的训练提供了科学依据。遗传和生长发育规律是青少年体能训练的重要科学理论基础之一。

基因是生物遗传的基本结构和功能单位，是人类竞技能力遗传的物质基础，与人体运动能力有关的形态特征、机能及运动素质等，绝大多数都属于数量性

状,受到多基因控制。竞技能力的遗传和变异具有连续性相关性和阶段性的特点。当儿童少年进入突增期后,竞技能力诸要素进入发展的敏感期,而儿童少年形态、机能和素质等方面的表现也为确定竞技能力的"潜力"提供了重要的依据。

人类各种性状表现均是基因和环境因素相互作用的结果,人体形态机能和素质等数量性状都不同程度地受到环境和训练因素的影响而发生变异。遗传度是评估遗传和环境对某一个性状所起作用相对重要性的指标。在体能训练中,应高度重视那些遗传度高而且是决定专项素质的关键性状,并按照生长发育规律,在发育敏感期中对这些性状加以诱导和发展,促使其能够充分表现。

体能是运动员身体运动行为的前提条件,以形态和机能为物质基础,以运动素质为表现内容,体能指标的遗传度是科学训练中要参考的内容。

人体形态特征在其形成过程受到遗传的影响最明显;生理机能水平的高低不仅受到环境和训练的影响,也受到遗传因素的制约;人体生化过程和代谢特征会直接影响到生理机能和运动素质的表现,代谢能力的高低与形成过程主要受到遗传因素的影响。运动素质中各种性状表现均受多基因的控制,当然,环境和训练的影响也不容被忽视。尽管体能性状的表现都是由多基因控制的,但影响程度却存在明显差异,一般规律是形态(如长度)、生理机能(如最大吸氧量)和代谢特征(如线粒体数量)的后天表现对遗传的依赖程度高,而与竞技能力密切相关的运动素质对遗传的依赖程度较低(尤其是力量),这就为体能训练提供了有益的参考价值。对于遗传度大的体能因素,后天环境、训练等条件对其改变的影响程度小,反之,遗传度小的体能因素,通过后天科学的训练可得到充分的挖掘与发挥。

少年儿童生长发育的基本规律是体能训练中要考虑的另一个重要问题。在不同的发育阶段中,身体形态、生理机能、运动素质以及代谢、心理等的变化特征有着自身的规律,合理地认识并在训练实践中遵循相关的规律,是促进训练科学化的必要条件。生长发育的基本规律是少年儿童群体中的大多数在生长发育过程中表现出来的一般现象。体能中的形态、机能和运动素质等众多方面的因素在遗传和生长发育的过程中的变化特点,对于体能训练内容、负荷的安排有着重要的指导意义。由此,遗传和生长发育规律是青少年体能训练的重要科学理论基础之一。

(二)运动技能学习与控制原理

竞技健美操是技能类主导项目，其体能的发展与技能的发展密不可分，身体形态特征、中枢神经系统的控制与协调能力、感知觉能力等是影响技术形成的重要因素，同时也是体能的重要影响因素。运动技术必须以身体动作为表现形式，而身体动作的表现以外部形态、生理机能和运动素质为基础，中枢神经系统的控制与协调能力依赖于对参加完成动作各肌肉群之间合理、精确的支配，以及肌肉群之间的相互协调；从技术完成情况分析，神经元连续发放冲动的频率及冲动到达肌肉纤维的准确时间都是制约动作完成的关键因素；从生理角度去分析，运动技术的形成是条件反射的建立与巩固，中枢神经与肌肉系统之间的暂时性神经联系以及感知觉的建立，对技能的发展至关重要；在竞技健美操中，专项体能的训练要以大量专项技术动作或相近的动作方式进行，众多的训练方法原则手段等是依据运动技能形成规律建立起来的，技能的发展和体能的发展在训练中大多是同步进行的，所以，运动技能的学习与控制原理也是体能训练，尤其是专项体能训练中的重要科学依据。

目前，在我国最具影响的是巴甫洛夫的高级神经活动学及条件反射理论。运动技能学习的物质基础在于神经系统尤其是脑的变化，对脑和神经系统在运动负荷情况下变化规律的认识，是掌握运动技能发生与控制原理的根本所在。北京体育大学李捷博士在他的博士论文《运动技能形成的自组织理论及其实证研究》中，从意识和认知的角度对运动技能的形成与控制原理进行了深入研究，提出了运动技能形成的自组织理论，这对于技能主导类的健美操项目有着有益的参考价值。

运动技能的定义，在心理学中偏重对学习过程变化的表述，生理学中更偏重运动技能形成机制的联系。杨锡让（1997）在《实用运动生理学原理及应用》中指出："运动技能是指人体运动中通过学习而获得的运动方式"。《运动生理学》（2002年版）指出："运动技能是指人体运动中掌握和有效地完成专门动作的能力。这种能力包括大脑皮质主导下的不同肌肉协调性，即在准确的时间和空间里正确运用肌肉的能力。"学习和掌握运动技能的生理本质就是建立运动条件反射的过程；运动技能的形成是由简单到复杂的过程，可划分为泛化、分化、巩固三个不同的阶段；运动技能的形成受到动机、反馈、训练水平、大脑皮质机能、感觉机能的影响。

（三）机体负荷适应与能量代谢恢复机制

应激和适应是生物体的所具备的生物特征。机体或一切活体组织对周围环境变化发生反应的能力或特性称为应激性。生物体所具有的在客观环境的影响下可以逐步形成与环境相适应的、适合自身生存反应模式的适应环境能力称为适应性。运动负荷的本质是一种外部刺激，从而导致机体发生应答性变化。运动负荷的本质就是：刺激—反应。运动员体能的发展，受到先天性遗传和后天环境（主要是运动训练活动）的影响，运动训练实质上就是通过有目的地给机体施加系统的负荷刺激，获得所预期的适应性变化。训练适应是反映运动员机体在长期训练和外界环境刺激的作用下所产生的生物学方面的功能性"动态平衡"（能量补充与消耗的动态平衡）。长期的运动训练过程实质上是一个不断重复进行的刺激—反应—适应过程，是一个身体结构和机能不断破坏与重建的循环过程，通过这个循环过程，使运动员机体内产生动态的平衡重建，从而促进竞技能力的不断提高。

1.运动负荷与适应原理

体能训练的效果是通过系统、合理的负荷刺激，促进运动员机体的形态结构与机能产生生物适应而实现的。训练活动中如果机体没有承受定的负荷刺激，便不可能产生新的适应现象。运动负荷的本质在于刺激—反应。运动负荷应包含外部刺激与该刺激作用下机体内部应答反应程度两方面的内容。

《运动训练学》（2000年版）中认为，运动负荷可分为负荷量和负荷强度两个方面。

负荷强度反映负荷对有机体的刺激深度，一般是由密度、难度、质量、重量等因素构成，这些因素分别适用于不同的运动专项和不同的练习。周期性运动项目的负荷强度多以练习中所完成的时间、高度、远度、重量等来衡量，而非周期性运动项目中，动作难度和完成质量则是反映负荷强度的两个重要因素。训练中负荷强度的指标并不是孤立存在的，而是练习密度、完成动作的难度承受的负荷重量等因素的组合，这些不同负荷因素的合理搭配和组合即可产生不同的训练效果。负荷量则反映出负荷对机体刺激的数量特征，一般是由时间、次数、距离、重量等因素所组成。

负荷强度与负荷量是构成运动负荷的两大要素，两者之间相互依存而又相互影响。任何量都包含着强度的因素，而任何强度又都是通过量才可以反映出来。刺激量大而刺激强度不够，刺激强度大而刺激量太小，都同样不能使机体承受刺激或产生应激。机体只有在一定刺激强度的负荷达到相应的刺激量时，才会产生新的适应现象。整个训练过程，实际上是通过调节负荷量和负荷强度的各个组成因素来合理安排运动负荷。

科学安排负荷是体能训练中的重要方面，这就要明确对运动员机体形成刺激的外部负荷的各种练习手段及这些手段给机体和训练所带来的综合效果，根据初始状态、训练目的和训练任务探寻负荷安排的强度和量的合理组合。

2. 能量代谢与恢复原理

物质和能量代谢是维持人体各种生理机能的基本保证，是维持人体运动能力的重要前提。训练中机体承受不同的负荷消耗的能量须得到快速补充，施加负荷和恢复是训练过程的有机过程。体能是以三大供能系统的能量代谢活动为基础，通过骨骼肌系统表现出来的运动能力。人体能量代谢过程决定着其运动能力的大小，而运动时的肌肉输出功率的大小关键在于 ATP 的再合成能力。

肌肉活动的直接能量来源是三磷酸酰苷（ATP），ATP 分解后的再合成依赖于磷酸肌酸（CP）分解。肌肉中 CP 的再合成则要靠能源物质的分解，人体 ATP 最终来源于糖、脂肪、蛋白质的氧化分解。肌细胞中可提供能量合成 ATP 的代谢系统，包含下列三个供能系统，它们构成了人体运动能量供应体系：磷酸原供能系统，即 ATP/P 系统；糖无氧酵解供能系统；糖脂肪和蛋白质有氧代谢供能系统。竞技健美操的能量代谢是以糖酵解系统供能为主的三大系统联合供能，糖酵解能力主要受到以下几个方面因素影响：体内糖原的含量、机体对酸性产物的缓冲能力、脑细胞对酸的耐受能力。

3. 运动中与运动后主要能源物质的恢复

《运动生理学》中认为，恢复是人体在运动过程中和运动结束后，各种生理机能和能源物质逐渐恢复到运动前水平的变化过程，机体的恢复过程可分为三个阶段，即运动中恢复阶段、运动后恢复到运动前水平阶段和运动后超量恢复阶段。运动时恢复是运动中随着能源物质的分解就开始再合成的过程。运动时的消耗大于同步恢复，在运动停止后，消耗过程减弱，恢复大于消耗，能源物质和人体机能可逐步恢复到原有水平。在运动后的一段时间内，进入超量恢复阶段。超量恢复的形成与运动负荷密切相关，在适当的运动负荷刺激下，有机体的消耗过程越激烈，超量恢复过程也就越明显，如不及时给予新的负荷，超量恢复在保持一段时间后又会回到原有的水平。如果负荷量过大，超出生理范围，恢复过程就会延长。超量恢复为训练过程中如何提高机能、增进素质以及合理安排运动负荷提供了重要的生物学依据。

二、竞技健美操体能训练内容

竞技健美操体能训练的内容包括了一般体能训练和专项体能训练。

一般体能训练是指运用多种体能练习手段所进行的，旨在增进运动员的身体健康，改善身体形态，提高各器官机能，全面提高身体素质的基础训练。训练的主要内容针对专项所需的基本运动素质，如力量、柔韧、速度、耐力、协调等与专项相关并为竞技能力的提高所必备的基础素质，在训练的方法与手段上以非专项的练习动作为主。

竞技健美操专项体能训练是指采用与竞技健美操专项动作技术紧密联系的专门性体能练习方法与手段，最大限度地发展与专项竞技能力有直接关系的专项运动素质，增强神经肌肉联系和运动素质的专项化转移，以掌握专项运动技能，使其在比赛中顺利有效地运用，从而创造优异成绩的训练实践过程。从竞技健美操成套动作的组成上看，专项体能训练的重点内容在于难度动作体能和成套耐力体能的训练，而在训练实践中，是要发展与这两项内容重点相关的专项运动素质，将专项力量、柔韧、耐力、速度、协调等素质在一定的时间和空间内融合在难度动作技术和成套动作中，发展与专项密切相关的体能。

在训练内容上，不但要注重专项化的运动素质发展，还要在身体机能的准备中，增加运动技能的储备数量。运动技能的储备数量越多，就越有利于建立新的条件反射，在正的迁移作用下，掌握新的技术动作及提高动作质量，从而达到提高竞技能力的目的。竞技健美操专项体能的训练可以概括为：柔韧是基础，力量是关键，技术是根本，耐力是保证。

三、竞技健美操动作训练的整体控制方法

随着科学技术和训练实践的不断发展，现代运动训练过程成为一个以多学科联合为基础的，多种实施控制手段相组合的系统工程。训练方法从实践中来，在其发展的过程中融入了科学进步的成果，朝着更广更深的方向发展。运动训练过程本质上是一项社会活动，运动训练过程控制实质上是一个管理过程，而管理就是在特定的环境下对组织所拥有的资源进行有效的计划、组织、领导、实施和控制，以便实现既定的组织目标的过程。而从运动训练方法的角度来看，运动训练方法是达成训练目标的途径和工具，运动训练过程的复杂性、系统性、开放性，决定了训练方法上的多样性，运动训练方法必然是一个多层次的方法系统。运动训练方法既是训练实践的高度总结，也是科学训练原理的具体体现，体能训练是运动训练的重要组成部分，遵循着运动训练的一般规律。

运动训练方法是在运动训练活动中，提高竞技运动水平、完成训练任务的途径和办法。运动训练方法是对运动训练过程中各种训练方式和办法的概括，是对各种具体训练方法的集中表述。构成运动训练方法的主要因素是练习动作及其组合方式、运动负荷及其变化方式、过程安排及其变化方式、信息及其传递方式、外部条件及其变化方式等。依照不同的分类标准，可分为不同的分类体系。把运动训练过程作为一项管理活动来看待，在计划和实施的过程中，必然体现出整体控制和具体操作等不同层面的分类。在运动训练学领域类，前者包括模式训练法和程序控制法，后者包括完整训练法分解训练法、持续训练法、间歇训练法、重复训练法、比赛训练法等。

训练方法在具体项目中的运用，则要考虑训练目的、任务和专项技术的特点，科学合理地选择与本项目契合的训练方法，从整体到部分灵活机动地整合训练方法，从而促进训练效果的最大化。

竞技健美操属于技能主导类项目，运动员技能的形成是由简单到复杂的过程，并有其建立、形成、巩固和发展的阶段性变化和时序性特点。竞技健美操的参赛是以预制的成套动作为表现内容，成套动作中所选择的 12 个难度动作是训练中的重点内容，而运动员技能与体能的储备则是 12 个难度完成的基础。对于每一类难度动作，从难度的根本动作发展到变化多样的难度动作，在技

上存在着内在的从简单到复杂的关系，每类难度有其内在的发展规律，形成一系列的技术链。在训练中，低难度动作是中、高难度动作的基础，相应地，低难度动作的运动素质是发展中、高难度的基础。可见，科学合理地安排形成技术的练习顺序就显得尤为重要，同时，体能发展也应遵循技术发展训练的客观规律，进行逻辑上的合理安排。

因此，竞技健美操技能和体能的储备，是一个紧密契合的、由低到高的循序渐进的发展过程，要在训练程序上予以控制。训练程序是将训练过程的时序性与训练内容的逻辑性融为一体的有序结合体，表达了训练过程不同阶段的训练内容之间的逻辑关系，适合竞技健美操整体训练控制的方法是程序训练法。

程序训练法是按照训练过程的时序性和训练内容的系统性特点，将多种训练内容有序且具有逻辑性的编排制成训练程序，按照预定程序组织训练活动，对训练过程实施科学控制的方法。程序训练法的基本结构是由训练程序、检查手段、评定标准和训练方法四种构件组成，在应用过程上是一种闭环式的过程。

程序训练法具有系统化定型化和程序化的一般性特点，不仅适用于单个难度的训练，对于整套的动作难度、成套动作或是一个训练周期都有着一般层面上的指导意义。竞技健美操训练过程中，无论是技术训练，还是体能训练，教练员都通过正向的控制通道，运用训练程序、训练手段控制运动员的难度技术、体能等整体竞技能力的发展方向；通过反馈调控通道，运用不同的反馈手段了解运动员的现实情况，调整指导训练方案或继续实施程序训练。经过多次闭环式的控制过程，实现运动员现实状态的不断转移而达到目标状态。

在体能训练的具体操作方法上，则是根据竞技健美操运动素质的发展要求，从整体到部分、从一般到特殊地选择与本项目契合的训练方法组合，采用多种方法和手段进行练习。

四、竞技健美操难度动作的训练方法

（一）难度动作训练方法的结构

难度动作是竞技健美操训练中的重点内容，体能训练与技术训练应在同步的发展中，完成运动素质的时空转移。李卫东（2006）认为，难度动作的技术形成包含了基础技术、运动技术质量和形成技术等相互关联的不同阶段。本文在此基础上发展了李卫东老师的观点，认为难度动作训练方法体系的构成可划分为三大部分：基础能力训练方法、技术质量提高方法、形成技术的方法。在训练过程中，这些因素相互作用、相互影响任何一个部分的偏差，都会影响整体动作的掌握情况，只有各部分最大限度地紧密结合，才能建立合理的技术动作，并达到高度的准确和规范，提高难度的完成质量。

基础运动能力是指当开始学习某个具体的技术动作时所必须具备的基本动作完成能力，包括顺利完成技术动作的必要条件及心理特征。从技术上看，低难度的动作是高难度动作发展的基础；从训练上看，低难度技术训练是高难度技术形成的必经之路。高难度技术动作的训练要以低难度技术动作为基础，合理、科学地安排练习顺序和步骤，形成难度完成能力的累积。

以跳转360°自由倒地成单臂俯卧撑难度为例，在达到规范的技术动作标准前，必须具备完成此动作所需要的技术及能力，同时涉及一些相关的心理特征，如注意力集中、思维过程、动作完成信心等，这些心理品质也影响到技术动作的发展与提高。在动作训练过程中，需要按以下练习顺序及步骤进行：①自由倒地成俯卧撑；②自由倒地成单臂俯卧撑；③跳起自由倒地成俯卧撑；④跳起自由倒地成单臂俯卧撑；⑤跳起转体360°；⑥跳起空中转体360°成俯卧撑；⑦跳起空中转体360°成单臂俯卧撑；⑧保持身体高度的控制能力及姿态控制，动作质量提高。通过合理的联系顺序，促进难度动作完成的基础能力逐步得到提高。

技术质量提高的基础条件是不同类型运动素质的提高，运动素质发展水平越高、越全面，技术动作的完成就越轻松、自由和省力，技术完成质量也越高。在技术动作的训练之前或起始阶段，需要对必需的运动素质进行分析，并在训练中予以发展。仍以上例为例，完成空中转体360°成单臂俯卧撑的动作，必须具备以下运动素质：完成跳跃动作时所需要的腿部爆发力量；完成腾空阶段尤其在落地动作时保持直立和紧张的身体姿态所需要的腹、背部力量；完成落地俯卧撑及单臂俯卧撑所需要的手臂力量；完成空中垂直轴转体和保持空中、落地身体姿态所需要的协调能力。

这些运动素质是必须具备的，任何方面的欠缺都将导致技术质量的下降，并会阻碍向更高一级技术动作的发展。

练习方法与手段是指完成特定技术动作所采用的一系列的练习手段与方法，练习方法的正确选择与运用是达到训练目标的关键，它涉及难度技术的技术环节、构成及运动学的特征。在竞技健美操难度动作训练中，分解与完整训练方法是常用的方法，以上例为例，其技术动作可划分为三个阶段，即准备阶段、主要阶段和结束阶段。准备阶段包括加速和起跳阶段；主要阶段由两部分组成，分别为支撑部分——爆发用力起跳，腾空部分——纵轴转体360°，同时身体逐渐过渡到基本水平位置；结束阶段主要为准备落地和落地阶段。在不同的技术阶段，按照正确的练习顺序分析并选用相应的运动素质练习方法，使运动素质的发展与难度技术同步进行，是难度技术训练中的一般规律。正确的练习顺序要求对难度动作的构成及发展规律有着正确的认识，认识难度技术及分析运动素质是取得预期训练效益的前提。

（二）难度动作技术链分析

难度动作是竞技健美操运动中的核心内容，难度动作的发展有其自身的规律，随着竞技健美操技术的快速发展及训练手段的不断更新，难度动作将不断地得到创新。然而，尽管难度复杂多样，但每一类难度的发展，有着从基本技术到高难技术的发展过程，这就为训练活动提供了方法学的意义。

在训练实践中，高难度动作必然是以低难度动作为基础发展而来，低分值难度动作的运动素质是发展中、高难度的基础，同时为练习高难度动作进行了技能上的储备。通过体能储备和技能储备，促进由基本技术向高难技术的正向迁移。所以，对难度动作技术链和核心的基础动作的分析不但有助于技术训练，还对体能训练也有着重要意义。

另外，不止在各组难度动作内部，在各组难度动作之间，也有着内在的联系，高分值难度动作的发展和创新，不仅以低分值的同组难度动作为基础，更通过连接技术上的变化，融入其他组的难度动作，从而提高动作难度价值。在高难动作之间，通过连接动作，同样可以进行难度上的创新，从FIG2005年版规则开始，对难度动作的连接给予0.1的加分。但两个高难动作连接的训练，同样也遵循着技术链上的关联，在体能及技能的训练上，也遵循着从低到高的循序渐进的发展过程。

人体的运动是一个由全身各关节结合各个部分系统的整体运动，对于技链的分析，要以生物力学的客观规律为基础，技术动作的构成基本上可以分为三个阶段，即准备阶段、主要阶段和完成阶段。在各个阶段动作基础上的加难和时空上的变化，引起各关节不同的运动轴和运动面的变化，对身体姿势、关节角度、身体及肢体位移、运动时间、速度及加速度、用力大小及方向、用力稳定性、各环节相互配合的形式与方式、肌群的参与数量等各个基本要素进行合理适宜的匹配，从而使基本动作因不同的要素改变发展成一系列新的难度动作。同时，根据技术要素的改变，可以对众多的难度动作进行归类，使人们对运动技术的发展和相应的技术、体能训练有更深入的了解。

在此基础上，依据不同的训练要求及支撑类技术的不同要素改变，可以将支撑类技术按照动作特征、腿部位置、转体度数、支撑部位等进行分类，从而进一步地明确其动作结构和动作要求，厘清技术发展和体能训练的思路。

通过对动作技术的要素及结构进行分类，明晰了技术完成的要求；同时，在不同难度组别技术的内部，还应当考虑不同类别技术的相互联系。

从技术发展的角度上看，高分值的难度技术是对基础难度技术的进一步发展，基础难度技术动作要素上的改变，如幅度、时间、节奏、轨迹上的变化，以及与其他难度动作的移植、交叉、连接，都会发展出高一级的难度技术动作，从而产生一系列循序渐进的纵横技术链，这就要求在体能、技能等训练活动中所获得的各种运动能力不但具备专一性，同时还要具有可继续发展的空间弹性，并做好与其他难度综合结合的准备。同时，运动员竞技能力的提高，是在技能、体能发展的基础上综合能力的提高，高分值的难度技术需要基础难度技术以及体能、神经系统上的储备。在运动员训练过程中，基础难度完成能力是发展高难度技术的基础，因此，应认真研究技术的分类及联系，找出技术链发展中的规律，从而使难度技术训练更有的放矢，增加训练过程的可控程度。

不仅在某一类动作技术内部，在不同组别的难度技术之间，也存在技术上的关联。在C组跳与跃的难度动作中，不同难度间的链状关系更为突出。C组难度动作的动作阶段基本分为动作开始阶段、主要（空中）动作阶段和动作结束阶段，在各个阶段中通过变换不同的技术结构要素，便可以变化为新的难度技术动作，如在开始阶段通过不同的跳与跃动作开始，在主要阶段融入不同元素，在结束阶段选择基本的俯卧撑、劈腿类的动作为结束动作，演化为众多的难度动作，形成相互联系的技术链。又如：A组不同的自由倒地类技术与俯卧撑类难度动作和C组跳与跃难度动作结合，可以转变为以跳跃动作开始，在空中做屈体或团身类的动作，以落地成俯卧撑结束的各种难度动作；C组跳转类的难度动作与A组俯卧撑类难度动作或D组柔韧类难度动作相结合，可以转化为跳跃接各类空中转体动作成俯卧撑或劈腿的各种难度动作。

（三）难度技术的核心基础动作分析

通过难度技术链的分析，可以清楚地看到，在众多的难度动作之间，存在着由简单到复杂的链状联系，任何高难度动作都是由单个或多个核心基本动作即根命名难度动作发展而来，高难度动作的技术、体能训练也必然要以这些核心基本动作为基础，通过不断地丰富体能和技能储备来向高水平难度动作迈进。因此，各组难度动作中，对核心基本动作的分析具有重要意义。

（四）难度动作体能训练与技术训练的关系

通过以上分析可以看到，在同一难度组内或不同难度组间，难度的发展呈现出循序渐进的难易程度递增、交错的链状规律，高难度动作在技术上必然是以低难度动作为基础发展而来，在体能训练上，低分值难度动作的运动素质是发展中、高难度的基础，并为练习高难度动作进行了技能和体能上的储备，通过这种储备，促进运动员的运动技能从基本技能向高难技能正向迁移。因此，在运动训练的实践中，运动员难度完成能力的发展与提高，是体能与技能同步发展并相互融合的过程。

对于目标难度而言，在一个阶段里，通过一般体能训练和专项体能训练所积累的运动素质，不断地渗透在从核心基本动作到目标动作的发展过程之中，同时，这个发展过程中，也不断地对体能训练进行反馈和调节，从而形成了一个双向的闭环通路，统一在运动训练实践中。经过多次这样的程序和循环，运动员的难度完成能力得到了累积和提高。

五、竞技健美操专项素质的训练

（一）力量素质的训练方法与手段

1. 力量训练方法的分类

在竞技健美操专项素质的训练中，力量是完成难度动作的关键，是运动员必备的重要基础素质。在完成起跳、转体、落地、支撑、落地成俯卧撑、平衡、姿态控制等专项技术动作时，需要多个部位、不同形式的力量来保证。在训练中，力量分为动力性力量和静力性力量，动力性力量包括不同表现形式的最大力量、速度力量（快速力量）、耐力力量和相对力量，其中速度力量是重点。动力性力量训练方法主要由强度（负荷重量）、组数、每组重复次数每组间歇时间等要素组成，包含了众多的内容，由此，在力量训练方法的体系上可分为静力性力量训练方法和动力性力量训练方法。其中动力性力量训练方法又可分为：①克制训练方法（即重复法、强度法、极限强度法、快速用力法）；②退让训练方法；③超等长训练法；④等动训练法。

2. 动力性力量的练习方法及负荷特征

最大力量是指肌肉通过最大随意收缩克服阻力时所表现出来的最高力值；相对力量是运动员单位体重所具有的最大力量；快速力量是指肌肉快速发挥力量的能力，是力量与速度的有机结合；力量耐力是指肌肉长时间克服阻力的能力。

发展最大力量的训练方法主要有重复法、强度法、极限强度法、退让练习法等。

退让练习法即离心收缩法，是肌肉起止点被彼此分离的练习，负重性的力量练习中一般都包含退让性的肌肉用力，竞技健美操中多数的制动动作也需要肌肉的离心收缩。在发展力量中，退让练习应该与克制性力量练习相结合；也可采用与克制性练习相同的项目进行退让练习，强度可采用80%~120%的重量；也可以在同伴的帮助保护下或利用特殊装置下进行。

快速力量是速度与力量的综合表现，是以最快的速度克服阻力的能力，它的提高受速度素质和力量素质的影响。在竞技健美操中，速度力量表现在跳与跃动作的下肢起跳、团身、躯干转体等动作中，并以爆发力为典型表现形式。发展爆发力的方法主要有快速用力性和超等长性练习方法。

快速用力法的练习特征是以最快的收缩速度克服一定阻力，包括中等强度快速用力法和小强度快速用力法。

超等长练习时，肌肉先做退让工作，并让肌肉被拉长，然后尽快转入克制工作，其生理机制是牵张反射。超等长练习发展爆发力的方法和练习内容主要有各种跳步练习和跳跃练习。

快速力量的提高不仅取决于肌肉收缩的速度，也有赖于最大力量的发展，因此，发展快速力量时，要尽可能最大限度地提高肌肉的最大力量，把快速力量练习与单纯发展力量的练习相结合。技术动作中快速力量能力的发挥，需要以技术动作的熟练程度和正确性为基础，选用与专项要求相适宜的负荷，并在练习中从轻负荷过渡到重负荷。

3. 静力性力量的练习方法及负荷特征

静力性力量耐力对竞技健美操有着重要作用，主要表现在支撑、水平、平衡类技术和在成套动作中保持正确身体姿态的用力。力量耐力是力量和耐力的综合素质，是在静力性或动力性工作中长时间保持肌肉工作能力，而不降低其工作效果的能力。根据肌肉工作方式，力量耐力可分为动力性力量耐力和静力性力量耐力。

静力性力量训练可以提高最大力量，也是动力性力量的基础，静力性力量练习是发展静态力量的有效手段之一。静力性力量练习能有效地发展肌肉力量，是因为进行静力练习时肌肉长度基本不变，肌肉收缩所产生的能量基本上表现为肌肉张力增大。由于完成最大紧张度的静力练习时肌肉强直收缩，即运动单位工作同步化，因而能培养和发展极大的张力。

静力性练习的特点是工作时处于无氧条件下，这就导致能量储备的迅速耗尽，从而迅速出现疲劳情况。静力性力量训练一般采用较大重量的负荷以递增重量的方法进行练习，不但可用于发展最大肌肉力量，还可用于加强某些薄弱肌肉群的力量或技术训练，特别适用于伤后恢复阶段的训练。静力性力量练习要与动力性力量练习相结合，与技术动作相一致。

4. 力量训练中的主要关节及肌群

通过对各难度动作发展的核心基本动作进行分析，可以归纳出竞技健美操中人体完成核心基本动作时的主要动作形式，继而对关节活动和主要的运动肌群做出进一步的分析。这些动作形式将为力量训练的手段提供参考，选择与这些基本动作相似的动作练习，将有效地提高力量练习身体部位的针对性，并提高力量素质的专项化转移的有效性。

5. 力量训练的技术动作

力量训练技术动作的选择可以采用克服外部阻力的练习或以自身体重为基础的练习，克服外部阻力的练习可利用杠铃、哑铃或器械，以自身体重为基础的练习可结合大量专项技术动作去进行。

（1）上肢力量训练技术动作

以窄握距卧推、夹肘俯卧撑、臂屈伸等动作发展肱三头肌力量，以弯举动作发展肱二头肌、肱肌力量，以上推举、侧平举等动作发展三角航力量，以负重腕屈伸、旋腕练习动作发展前臂的屈伸肌群力量。在克服自身重量的练习中，可采用不同形式的俯卧撑难度技术发展上肢推撑力量，如俯卧撑击掌、倒立推、推小车、自由倒地成俯卧撑、跳起成俯卧撑等动作形式。

（2）下肢力量训练技术动作

以负重蹲起（跳）、腿屈伸、腿举等动作发展以股四头肌为主动肌、臀大肌为主要协同肌的肌肉力量，以器械腿弯举等动作发展以股二头肌、半腱肌、半膜肌为主动肌的后群肌肉，以负重提踵为主要动作发展小腿腓肠肌和比目鱼肌力量，以仰卧臀上挺为主要动作发展臀部肌肉力量。在克服自身重量的练习中，以各种纵跳、跳深、屈体分腿跳、科萨克跳、吸腿跳等发展下肢快速力量，以各种前、侧、后的快速踢腿和旋踢腿发展膝关节的动力性力量。

（3）躯干力量

可用杠铃、哑铃或综合器械发展以胸大肌力量为主的动作，包括卧推、飞鸟、俯卧撑、双杠臂屈伸等；以硬拉、下拉、引体向上为主要动作发展背阔肌、斜方肌、大圆肌、小圆肌、冈下肌等肌群的背部力量。

以仰卧起坐、两头起、悬垂举腿、仰卧转体、负重转体、悬垂转体、俯卧挺身等动作发展腹部和腰部动力性力量，以控腹、仰卧挺身控制等静力性练习发展腰腹部的静力性力量，以分腿支撑、直角支撑、支撑转体等动作发展屈腿的静力性力量。

（二）柔韧素质的训练方法与手段

柔韧素质是竞技健美操运动员的基础素质，对于动作的幅度控制及相关难度的完成有着重要作用，同时可以减少损伤的发生。柔韧素质的训练对于提高运动技术水平有着极为重要的意义。竞技健美操柔韧素质分为主动柔韧性和被动柔韧性。主动柔韧性是指运动员依靠相应关节周围肌肉群的积极工作，完成大幅度动作的能力；被动柔韧性是指被动用力时，关节所能达到的最大活动幅度，运动员被动柔韧性指标一般高于主动柔韧性指标，被动柔韧性是发展主动柔韧性的基础。

1. 柔韧素质训练方法的分类

柔韧素质训练的目的是提高胯骨关节的肌肉、肌腱、韧带等软组织的伸展性，发展柔韧素质的训练方法主要有两种，即主动性拉伸练习和被动性拉伸练习。

主动性拉伸练习是运动员依靠自己的力量，通过与关节有关联肌肉的主动收缩来增加关节灵活性的练习，可分为主动的动力性拉伸练习和主动的静力性拉伸练习。主动的动力性拉伸练习是运动员依靠自己的力量，将肌肉、肌腱、韧带等软组织拉长，提高其伸展性的练习；主动的静力性拉伸练习是运动员在动作最大幅度的情况下，依靠自身肌肉力量保持静止姿势的练习。

被动性拉伸练习是依靠外力作用增加关节灵活性的练习，也可分为被动的动力性拉伸练习和被动的静力性拉伸练习两类。被动的动力性拉伸练习是依靠教练员或同伴的助力拉长韧带、肌肉的练习；被动的静力性拉伸练习是由外力来保持固定姿势的练习。

柔韧素质的训练，在负荷强度上一般采用中等强度，以运动员主观感受为依据，根据年龄、性别、技术要求特点和不同训练阶段的任务灵活安排，把主动性柔韧练习和被动性柔韧练习相结合，同时把力量练习和柔韧练习相结合起来。

2. 柔韧素质训练的部位及方法手段

竞技健美操要求全身的多个关节、部位都具备良好的柔韧性，包括肩、胸、腰、髋、下肢腿部、踝、手腕等。肩部柔韧性练习动作主要有压、拉、吊、转等几种形式，如压肩、拉肩、吊肩、转肩等；胸部柔韧性练习动作主要是压胸；腰部柔韧性练习可用甩腰、仰卧成桥、各类体前屈等动作；腿部柔韧性练习主要发展腿部前、侧、后的各组肌群伸展和快速收缩的能力及髋关节的灵活性，主要采用压、踢、开、控、劈等腿部动作方式；踝关节主要用坐姿或跪姿压脚背的方法发展其柔韧性。

（三）耐力素质的训练方法与手段

耐力素质按照氧代谢的特征可分为无氧耐力和有氧耐力，按照耐力与专项的关系可分为一般耐力和专项耐力。竞技健美操的项目技术特征决定了其耐力素质的表现形式是以最佳的技术质量重复完成完整比赛套路的能力。从供能机制上看，竞技健美操是以糖酵解供能为主的多个供能系统的联合供能。对于专项耐力的训练，重点发展乳酸供能的无氧耐力。无氧耐力的发展，是建立在有氧耐力提高的基础之上的，有氧耐力的提高不但对训练本身有着重要意义，而且有益于训练中间和训练结束后的快速恢复。所以，竞技健美操耐力素质的训练要兼顾提高运动员的有氧耐力和无氧耐力。

1. 有氧耐力的训练

运动员有氧耐力的发展水平取决于三方面的因素，即供给运动中所必需的能源物质的储备；为肌肉工作提供 ATP 所必需的有氧代谢能力；肌肉、关节、韧带等支撑运动器官对长时间耐力工作的承受能力。所以，发展有氧耐力的基本途径在于提高运动员摄氧、输氧及用氧能力，保持其体内适宜的糖原和脂肪的存储量，提高其肌肉、关节、韧带等支撑运动器官对长时间负荷的承受能力。最大吸氧量是肺、心脏直到末梢的一种全面的呼吸循环机能的综合指标，是反映运动员有氧耐力的主要标志，最大吸氧量的遗传度较高，可以达到 79%~93.5%。在训练方法上，可用持续训练法或间歇训练法进行训练。

持续训练法训练强度的心率一般控制在 145~170 次/分。使用间歇训练法训练心率控制在 170~180 次/分，持续工作时间不超过两分钟，间歇时间心率下降到 120 次/分左右时，开始下一组练习，采用积极性休息方式，整个过程应在半小时以上。

2. 无氧耐力的训练

运动员无氧耐力的发展水平主要取决于无氧代谢能力、能源物质（ATP、CP、糖原）的储存和肌肉、关节、韧带等支撑运动器官对长时间大强度工作承受能力等因素的影响。对竞技健美操运动员而言，糖酵解供能无氧耐力是训练重点，主要采用间歇训练法和重复训练法，在强度上应达到本人可以承受的最大强度的 80%~90%，心率达到 180~190 次/分，使运动员机体处于糖酵解供能状态，负荷持续的时间在 1~2 分钟之间，练习的组数和次数依据运动员基本能保持所规定的负荷强度而定。在间歇时间上，可采用固定间歇时间或逐步缩短间歇时间的方式安排，使运动员体内的乳酸堆积处在一个较高值。在实施手段上，多以高质量完成半套或完成整套动作为手段进行专项耐力的训练。

（四）速度素质的训练方法与手段

竞技健美操的速度素质主要体现在以下几个方面：对音乐（尤其是节奏变化时）的反应速度、完成成套动作全场移动路线时的移动速度及动作速度，其中最重要的是动作速度。动作速度是指人体或人体的某部分快速完成单个动作或成套动作的能力，竞技健美操运动员要高速完成复杂变化的各种动作，在每拍的动作时间内缩短动作开始姿势到完成姿势的动作时间，从而在完成姿势结束时表现出良好的身体姿态和制动，体现出力度感。动作速度与准备状态、动作熟练程度、协调性、快速力量及速度耐力水平等有关，因此在速度训练中应注意相关素质的均衡发展，促进运动素质间的良好转移。

动作速度是通过具体的动作表现出来的，必须通过技术水平的巩固与提高以及相关运动素质的发展才能得到培养，动作速度的训练方法要着眼于技术训练和素质训练的结合，利用与专项技术结构特点相似的练习手段进行训练，兼顾动作速度的提高与正确动作技术的保持，主要的练习方法有以下内容。

（1）专项技术动作持续训练法，即选取专项技术中单个基本动作或多个动作的组合，连续完成一组练习的方法。其作用为在相似的动作结构中促进力量和速度的良好转移。

（2）助力法，即利用外界的保护帮助使运动员体会快速完成动作的方法，主要用于建立运动员的速度感觉。在助力过程中，要掌握好保护帮助的时机，并辅以合适的语言提示。

（3）负重练习法，即通过增加负重完成动作的方法。其作用在于通过发展速度和发展力量的结合，促进速度力量的提高。练习中也可把各种负重和不负重的练习结合在一起。

（4）加大难度练习法，即通过限制练习完成的空间、时间、条件界限等完成动作的方法。如变奏练习法，通过改变音乐节奏完成一段操作练习培养运动员对技术动作的熟练程度和对自身姿态的控制能力。或者在难度练习时，加大难度动作的完成程度，从而获得正常难度的快速完成能力。

（五）协调及灵敏素质的训练方法与手段

竞技健美操的灵敏素质主要表现为身体的协调能力。协调能力是指运动时机体各器官系统、各运动部位配合一致完成练习的能力。竞技健美操项目对人体协调能力要求较高。

要求运动员能自如地操纵自己的身体，迅速、准确、协调、高效地完成动作，把力量、速度、耐力、柔韧、节奏感等素质和技能，通过熟练的动作表现出来。影响灵敏素质提高的主要因素有：神经过程灵活性，感觉器官机能，运动经验和技术储备，其他运动素质发展水平以及性别、体型、疲劳程度等。在竞技健美操训练中，以各关节的灵活运动为基础，通过对单个关节或单个基本动作的训练，逐步加大难度，过渡到多关节协同的训练，促进协调素质的发展。如通过分别对基本步法和手臂基本动作的训练，进而过渡到上下肢配合的联动，在分别发展躯干、肩、髋等关节灵活性的基础上，运用不同的组合动作对多个关节部位进行协调性训练。在发展协调性的同时，不断增加技能储备和运动素质的训练，提高神经肌肉系统的支配能力。

第二节　高校竞技健美操创新训练

一、高校竞技健美操创新的必要性分析

（一）创新是当今世界普遍关注的焦点和研究的热点

人类社会是在事物不断变化中发展的，社会每一点进步都是人们在不断地追求改革与创新的结果。创新就是发展，它是一个民族进步的灵魂，是国家兴旺发达的不竭动力。在 21 世纪的今天，人类社会的各个领域都把创新作为追求的目标，更是当今世界普遍关注的焦点和研究的热点。

（二）创新是竞技健美操运动的生命力和魅力之源

竞技健美操是在音乐伴奏下，完成连续复杂的和高强度动作的能力。成套动作必须展示连续的动作组合柔韧性，力量与七种基本步伐的使用并结合难度动作高质量的完美完成。根据《项群训练理论》对竞技体育的分类，竞技健美

操属于技能类表现唯美项群。它和竞技体操、艺术体操、花样滑冰、花样游泳、跳水等一样,竞赛中以运动员所完成动作的难度、新颖、稳定、优美等因素判定其技能水平的高低。在难度一定时,创新使得竞技健美操更加具有生命力,焕发无限生机与活力。竞技健美操的创新也始终让人们饱含着期待之情,不断期待新的花样,新的视觉冲击,创新是竞技健美操无限魅力的来源。

(三)创新是促进竞技健美操持续发展的核心

知识经济的到来必将推动现代科学技术成果在竞技健美操训练、科研、管理等领域迅速应用,促进竞技健美操技术的飞速发展。随着信息网络化,有关于竞技健美操的训练和创新动作很快可以通过网络、转播等迅速传开,被其他国家采用。为了使竞技健美操更好地发展,国际健美操评分规则仍然会围绕创新和发展不断地变化和完善。这些都会促进竞技健美操的不断创新。因此,深入系统研究竞技健美操的创新显得十分必要。

因此创新就是竞技健美操的生命,这不仅是各国竞技健美操发展的精辟总结,也是各国竞技健美操发展的制胜规律之一,更是本文选择对竞技健美操创新进行研究的重要依据。因此,想要更好地发展和壮大我国的竞技健美操,不断创新和全方位的创新研究将是每一个健美操工作者面对的中心问题,只有把握住了这个中心,才能给我们的训练和竞赛带来活力,才能解决创新过程中遇到的一系列问题。

创新是一切事物发展的生命,竞技健美操也不例外。竞技健美操的创新主要表现在富有创意的主题选择,难度的创新,过渡连接的巧妙,操化动作的独特、队形变化的新颖、开头结尾的出人意料,以及音乐与服装的个性化展示上等。

二、高校竞技健美操创新原则与方法

(一)高校竞技健美操创新的原则

以创新活动的客观规律为依据来确定的高校竞技健美操的创新原则,是创新活动客观规律的反应,其总结了创新实践经验,指导了创新实践。所以,训练中以实际需要为根据,正确地贯彻与运用创新的各种原则很有必要。

1. 科学性原则

首先要考虑人体运动的科学性来进行高校竞技健美操动作创新，在创新创编时应严格按照人体运动的生理解剖规律、运动负荷曲线。贯彻科学性原则创新高校竞技健美操动作，以防止创新动作违背人体生理解剖规律，给人体造成一些运动损伤或因不合理的运动造成疲劳，以建立最科学、最可靠、最安全的创新高校竞技健美操动作的屏障。

2. 竞赛性原则

健美操比赛是高校竞技健美操练习兴起的因素之一，所以，在进行动作创新时必须考虑怎样提升大学生在竞技健美操的动作掌握和优异的成绩。从经济的层面去思考和看待问题，在进行动作的创编时，要将各方面的因素都细致化的表现出来。这就需要在动作进行创编和创新时，首先需要格外注意和把握的一点是，动作的素材，要完全贴切当下的标准，整体性突出时代的气息和创新的意识。不仅如此，还要做到所有的创新运动都要完全符合比赛的标准和章程，对比赛的场地和对手的实力做出数据分析和调查，这些都将是对动作创编的参考标准和依据。这就要求应遵循竞赛性原则来创新高校竞技健美操的动作。

3. 针对性原则

在创新高校竞技健美操动作的过程中，对高校学生运动员的运动水平、身体素质、形态、技术特长等特点和改动规则和技术发展趋势等方面都要有针对性的创新。

在对高校健美操的动作和整体编排进行创新时，针对不同类型的大学生运动员，要对他们的身体素质和适应能力进行系统化的分析，还要对学生的技术掌控、表现能力、接受能力和学习能力进行全方位的测试和考量。在这些层面上一定存在着差异与不同。所以一定要对动作的难度情况进行高度的重视，操化动作风格、连接动作的巧妙过渡，切合实际的有针对性地选择创新的手段和方法。

（二）高校竞技健美操动作创新的能力

在我国的体育运动项目中出现竞技健美操后，这项运动一直处于快速发展状态，这主要有赖于相关的运动员及教师在健美操创新方面的不断努力。创新，一直是竞技健美操发展不变的主题，它是保证竞技健美操一直存在，且不断发展的根本。所以，无论是健美操教师还是高校内正在学习的学生，都应将竞技健美操创新当作主要的课题。而创新并不是一件简单的事情，它不仅需要相关的专业能力及专业知识，还需要具备很多其他的素质及能力。以下我们就针对进行竞技健美操创新时需要具备的能力进行相关具体论述。

1. 思维能力

对于经济健美操创新来说，思维能力的重要性是不容忽视的。而思维是一个十分宽泛的概念，它不仅包括广度与深度两个方向，它还具备一定的灵活性与独立性，而这些方面也是决定一个人思维的发展程度的关键。通过长时间的实践总结出的经验，结合思维学理论，可以发现对于高校竞技健美操难度创新来说，主要起到作用思维能力分别为想象力、多向思维能力、联想思维能力。

（1）想象力是所有创新改变的源点。它主要就是将一个意向打碎后，通过更改、组合与加工，从而产生一个新的形象的能力。想象力中最重要的两个因素就是联想与质疑。

只有敢于质疑，不断联想才能将想象力实质化，使想象成为现实。而这一切的基础是这个人拥有着扎实的理论基础，又参与过大量的实践活动，拥有丰富的实践经验。若想对高校健美操进行难度动作的创新，健美操教师应该拥有丰富的想象力，根据学生的日常变现，对动作进行加工、重组，产生新的想法与思考，从而创作出新的动作。

（2）多向思维能力，是创新思维的有力武器。它是与单向思维能力相对应的思维能力，主要是指通过多层面、多角度对问题产生新的思考，找寻到更有效的解决问题的办法。多向思维能力主要是需要打破人们固有的思维及认知，看到事物的多面性，从不同面了解、认识事物，并且发散思维，对事物展开新的思考，最终得出一个创新的结论。在高校竞技健美操中，多向思维主要是针对动作展开逆向、侧向的观察及思考，充分发散思维，为竞技健美操的创新提供一些思路。

2. 观察能力

简单来说，观察其实就是对外界信息捕捉及形成认知的能力，它主要是依靠人体自身的感觉器官来完成的。而观察能力确实在捕捉信息时，对细微变化的捕捉能力，以及通过表现抓住本质的能力。而在创新能力的培养方面，观察力是十分重要的一种能力。因为创新是一个短暂而感性的过程，它需要捕捉到一些一闪而逝的信息，需要通过观察来捕捉能够触发感性创新思维的材料。所以说，创新者的观察能力直接决定了他对机会的把握能力，优秀的观察能力能够帮助创新者快速找到创新的方向，掌握住创新的时机。而对于高校竞技健美操来说，若教师想完成难度动作创新，需要具备的观察能力有以下两点。

（1）对动作变化敏锐的感知力。作为健美操教师，对学生的动作观察要细致，对学生的记录要完整。除此之外，还要能够敏锐的感知到学生在完成动作的过程中出现的细微变化，抓住问题的关键，找出问题的关键并解决相关的疑点。在这一过程中，找到有价值的信息，抓住启发思路的瞬间，结合学生的表现，完成难度动作创新。

（2）高校竞技类的健美操准专业化的教师对健美操动作的创编和认识，他们的思想和判断不应该一直停滞不前，只拘泥于表面的形式上，应该不断地进行完善，对动作的细微之处进行深化的研究，对不同种的动作需要具备洞察全局的能力，即能透过动作的表面形式变化现象，认识各种动作技术本质特征的能力。同类难度动作都具有共性技术特征，而各类难度的技术差异则是各类难度的个性特征。健美操教师应该对各类难度特征有一个较为全面和深入的理解。

3.创新设计能力

无论是思维能力还是观察能力都仅仅是能够帮助创新者在脑海中形成一个初步的思路与想法，若想将创新思维具体化，成为具体的动作，就要求创作者要拥有一定的创新设计能力，能够将自己的构思转化为具体的动作，并且将其付诸实践进行检验。在具体的难度动作创新的实践中，并不缺乏优秀的创新建议，很多想法也是非常价值的，但是在转化为实际动作时，往往因为缺乏一些必备的条件而付之东流。所以，对于创新工作来说，开发创新思路仅仅是第一步，如何完成创新才是实现创新的关键。所以，高校健美操教师必须具备一定的创新设计能力，而它的重点在于学生与教师两方面：学生方面，提高学生运动员的实践能力；教师方面：提高教师的组织能力，方便创新动作实践活动的展开。

（三）高校竞技健美操动作创新的方法

关于高校竞技类健美操动作创新时，主要有四种创新的方法，分别是递进创新法、逆向创新法、移植创新法和组合创新法。高校健美操教师在对竞技类型的健美操动作进行创新时，需要注意的一点是关于动作的创新方法。从科学的角度去看待问题，用理论知识对一般形式下的创新方法进行总结，以健美操固有的技术体征为主要基础。

1. 递进创新法

没有将原本存在的方法全盘否定，形成一种变革式的创新方法。递进创新的方法是在不对原有技术动作做出大的变动的基础上，在动作内容以及表现形式和手法上进行或多或少的增加和减少，对新的技术动作进行创编和获取。在高校竞技健美操动作创新中，有两种递进创新法被普遍运用。

（1）针对高校竞技健美操相对有难度的动作编排与创新中，在纯转体的难度动作中以及包含转体的复合难度动作中更为适用，比如说转体两周720°就是转体一周360°的数量递加创新的结果。数量递加法，其实就是在原有动作的基础上，动作的性质不做任何变化，只是增加动作数量的一种创新方法。

（2）支撑或是俯卧撑这类有难度的动作中，其实是在原有动作的基础上对支撑部位进行减少，这样更加能够展现出高校运动员的力量优势。与数量递加法相反的就是，在同样在原有动作创新的基础上，动作性质不发生其他改变的情况下，只减少动作数量的一种创新方法。例如，单臂直角支撑就是在直角支撑动作基础上创新转变而来的，同样，两点俯卧撑也是三点俯卧撑减少了一个支点，增加难度的创新型动作。

2. 逆向创新法

在高校竞技健美操对动作的创编和创新的方法中，逆向法的使用尤为重要。逆向的创新方法中包含着一种创造性的思维，这种创新方法，是完全从相反的角度和思维对下现有的技术、动作结构、动作原理、方法中的功能特性，这些方面对问题的提出、思考、解决的一个过程和方法。采用逆向的创新方法，还能够开拓人们的思维和想法。逆向创新法主要有两种形式，分别是动作顺序的逆向法和动作方向的逆向法。

（1）动作顺序的逆向主要针对一些复合型的动作是将现有两个或多个动作顺序颠倒过来，获得新的技术动作的一种创新方法。例如，转体180°屈体跳，逆向改变动作顺序后的难度就成为屈体跳转体180°。

（2）利用动作方向的逆向创新法所创造和延伸出来的难度动作有很多种。其实，动作方向的逆向是找到和现有动作方向相反的动作形式，在此基础上所进行的动作创新方法。比如说，前踢腿与后踢腿、前踢腿与后踢腿、前跨跳动作的反向难度就成为反跨跳、依柳辛难度动作的反向难度就成为反依柳辛等。

3. 移植创新法

一个完整的、有体系的竞技类健美操系统与其他的领域之间一定存在着必然联系，同时，与之相关的体育运动的各种项目、各种技术类型和体系之间也存在着联系和相通的特点。各种运动之间能够做到并且实现相互之间的转换，还能够比较和借鉴。移植创新的方法，是将优秀的、好的其他项目中的运动动作与形式中的原理或多或少地注入高校竞技类的健美操当中来，在此基础上，通过创新改造形成新的动作技术和创新的方法。移植创新法是一种较为直观的动作创新方法，主要有舞蹈类动作的移植和难度项群动作的移植两种。

（1）关于高校健美操的难度动作创新的过程中，健美操教练就可以借鉴和引入舞蹈的动作做出一些难度的创新。将舞蹈类的动作能够很好地移植到健美操当中，是因为，舞蹈的技术同样也是竞技健美操的基础，健美操的原型就是传统的有氧健身舞，正是因为这一原因，所以形成的体系的成套健美操动作的组成与舞蹈动作之间有着必然的联系，比如说，屈体分腿跳成俯撑就是来自于舞蹈动作中的分腿跳。

（2）高校竞技类健美操中所涉及的难度动作，很大一部分都是来自于体操和艺术体操中的难度动作的提取，例如，依柳辛、变身跳等。还有一些难度动作是对其他项目中的难度动作进行移植再创造和加工得来的，例如，对艺术体操中屈体跳动作和纵劈腿跳两个难度动作先进行移植，在此基础上对动作进行反向处理或者是再增加新样式的动作，就成了一种竞技类健美操中一种新型的难度动作—转体180°屈体跳接俯撑、纵劈腿跳接纵劈腿落。高校竞技类的健美操在技术动作方面与那些包含难度动作的项目有一定的联系，同时，也能够为高校竞技健美操的动作创新中也可以提供一些意见和帮助。

4. 组合创新法

组合创新法需要在创作的过程中严格按照标准的创作意图和创作目的来进行高校健美操动作上的创新，要从整体性的视角去看待分析问题，对整体功能的发挥进行考虑，使动作结构能够自然而然的有序进行。动作技术发展的需要也是着重注意的点，使高校学生能够尽快地学习和掌握。组合创新法应用在高校竞技健美操的动作创新当中，是全面的、整体的对动作的因素、结构、功能、层次还有方向做出的系统化的全新的组合，是创造性思维开拓的一种动作创新型方法。在高校竞技健美操的动作难度创新的过程中，有一种普遍使用的方法，即难度组合创新法，具体有三种表现形式。

（1）同类动作进行组合。这样的组合形式其难度具有共同的特征，成功的概率相对较高，容易被学生掌握和利用，可创新的范围较广。也就是在有着相同特性之间做出的有机转化或是结合，比如说柔韧类难度中依柳辛纵劈腿就是两个柔韧类动作组合成的难度动作。

（2）异类动作组合。在高校竞技健美操难度动作创新的过程中，应用于这种方法创造出了不在少数的难度动作。同时能够突破和展现高校学生对难度动作技术的掌握和个性的突出，对于那些有着高超水平的高校学生，异类动作组合的难度创新方法非常的适用。其实，异类动作组合就是将存在着不同技术和特征的动作进行结合，这种组合的形式特点是动作难度大、技术动作复杂。同时对高校学生技术种类和形式的掌握和自身的身体素质都有着超高的要求。

（3）难度与连接动作组合。在高校竞技类健美操难度动作创新时，需要注意的一点是动作衔接的处理，只有将衔接部分处理好了，才能使创造出的难度动作与整套动作更好地融合。有着同样重要的意义和作用的一点是需要做到动作衔接与艺术评判的融合。难度与连接动作的组合，是在完成准备性动作连接的基础上所形成的流畅性和有效性，与完成难度动作有着密切的联系。在完成一个高难度的动作时，其中必然有一个连接动作对其进行潜在的补助，只有这样，才能使整套动作看起来更加的优美和完整。

三、竞技健美操动作创新训练

竞技健美操动作创新主要是指创新主体通过结合竞技健美操运动基本技术理论和实践基础，以技术为对象，在原有的技术基础上改变其原理、结构、功能、方法及应用等特性因素并创造、发明或引进新事物以提高竞技健美操的技术和理论体系的一系列活动。

竞技健美操动作创新主要包括操化动作、难度动作、过渡与连接以及托举与配合动作创新四个部分，且他们之间相互联系，相互过渡，操化动作后可以接难度动作、过渡与连接托举与配合，反之亦然。

（一）竞技使美操操化动作创新

操化动作是指以健美操基本步伐与手臂动作结合的形式，伴随着音乐以创造出动感的、有节奏的、连续的、包含高低不同强度的一连串动作。

高水平操化动作的创新体现在通过七种基本步伐、手臂组合和无重复动作的组合表现出与音乐风格及重音相符的操化动作。

（二）竞技健美操操化动作创新的重要性

连串的操化动作是竞技健美操的重要组成部分，是竞技健美操区别于其他体操最大的特点。操化动作是竞技健美操成套动作的基础，操化动作创新是设计出各种新颖的动作展现出无穷变化并不断出新以吸引裁判和观众的眼球，这也是裁判评分的重要方面。操化动作创新的好与坏将会影响成套动作的艺术得分。

（三）竞技健美操操化动作创新训练

通过将七种基本步伐与手臂动作的完美组合来进行创新。在竞技健美操竞赛规则中有明确规定，必须在基本步伐与手臂动作的基础之上来进行操化动作的创编，可以通过更多的身体部位（头、肩等）参与完成动作；运用不同的关节、动作空间、动作幅度、肢体长度；运用不对称的动作和不同的音乐节奏；同时通过运用手臂动作变化、改变移动速度，增加动作频率；变换方位；操化移动的路线以及改变步伐的角度、速度、高度、节奏以及空间等加之配合不同的手臂变化来为操化动作进行创新。

1.上肢操化动作创新

（1）对称与非对称动作变化

对称是指物体或图形在某种变换条件（如绕直线的旋转、对于平面的反映等）下，其相同部分间有规律重复的现象，即在一定变换条件下的不变现象。在竞技健美操上肢操化中对称的操化动作指上肢以人体的垂直轴为对称轴理论上折叠后能够完全吻合的动作主要包括：上、下、前平、斜前、斜上、斜下侧上、侧下、侧平、侧上等。对称动作的创新符合人体对称习惯，简单易学。非对称的操化动作即为人体上肢左右两边呈现不同的形态或者围绕人体的垂直轴理论上不能重叠的动作，主要分为左与右、上与下、前与后等非对称。非对称动作复杂多变，但不易记住，对运动员的协调性能力要求高，需勤加练习，方能施展有度。

（2）肢体不同杠杆变化

在竞技健美操中肢体杠杆的创新主要包括短、中、长三种类型。短杠杆瞬间到位，省时省力。例如，第1拍为左臂肩侧上屈同时右臂肩侧下屈，则第2拍可以编为右臂肩侧上屈同时左臂肩侧下屈，调换一下方向，只有小臂在动；也可以采用由屈变伸，或者小臂绕环等。长杠杆运动轨迹较长，耗费大量臂力，但动作幅度大，给人以舒展、力达指尖之感。例如第1拍为双臂侧平举，第2拍可以编排为双臂上举，大臂贴耳，两手相握等。当然，在运用肢体杠杆编排时，一般需短、中、长交叉结合进行变化创新，并通过采用不同的线性和大小绕环等动作来改变肢体杠杆的长度等变化。这样才能给裁判和观众舒展自如之感，让人可以感受到竞技健美操的复杂与魅力。

（3）不同手型变化

竞技健美操的手型有很多种，是从芭蕾舞、现代舞、迪斯科、武术中吸收和发展而来的。主要包括以下几种形式：①并拢式（并掌），五指伸直，相互并拢，大拇指微屈，指关节贴于食指旁；②分开式（开掌），五指用力伸直，充分张开；③芭蕾手式，五指微屈，后三指并拢、稍内收，拇指内扣；④拳式，握拳，拇指在外，指关节弯曲，紧贴于食指和中指；⑤立掌式，五指伸直，手掌用力上翘；⑥西班牙舞手式，五指用力，小指、无名指、中指自掌指关节处依次屈，拇指稍内扣；⑦花式，在②分开式的基础上小指伸直向掌心回弯到最大限度，无名指会随小指回弯。手型是手臂动作的延伸和表现，手型变化使操化动作更加丰富多彩，生动活泼，更具有感染力。

（4）不同节奏变化

操化动作的节奏一般有1拍1动、2拍3动或者1拍2动（可以是手臂也可以是脚步），也可称之为慢、中、快三种，操化动作随着节奏变化展现出不同的动作力度，一套优秀的竞技健美操套路应该有它自己操化节奏的平铺直叙与高潮，在跌宕起伏中潮涨潮落给人以"抑扬顿挫"之感。

操化动作的节奏变化，可有多种变化：慢+慢+快、慢+快+慢等，应根据运动员的能力和般节奏的变化可设置在开始阶段、中间环节或者在整套操的最后，也有的能力比较强一点的在一套操中可设置多个节奏起伏明显的地方，这样更加凸显整套操的魅力所在。

2. 下肢操化动作创新

竞技健美操的下肢操化动作主要包括踏步、后踢腿跑、吸腿跳、踢腿跳、开合跳、弓步跳、弹踢腿七个基本步法的组合创新。在此基础上通过变化各个步伐的空间以及角度、高度、速度、节奏与方向来进行动作创新。例如，踏步通过改变角度可以得到V字步、A字步，通过改变方向可以得到并步姿势，可以迈步转体等；又比如弹踢腿，可以前、后弹踢，也可以侧踢等。

总之，竞技健美操操化动作的创新离不开上、下肢的协调配合、组合，只有将上下肢完美结合才可以衍生出更多富有新意的操化动作。

四、竞技健美操难度动作创新训练

难度动作创新是指将难度动作进行分类，对各类动作的技术原理及技术特征进行综合分析，再根据不同种类难度动作基本规律、力学原理，创造出独特的难度组合，以此创造出更新、更难的高难度动作。

（一）竞技健美操唯度动作创新的重要性

难度动作创新是比赛名次差异的关键，是成套动作的精华，是整个技术的核心。难度动作的创新是顺应难度动作演变规律的需要，难、新、美是难度动作演变的必然要求，创新是竞技健美操难度动作的发展壮大的不竭动力，是其不断完善与精细的助推器。

难度动作创新是难度动作分值不断改变的需要，国际体联已经降低了原有难度动作的分值，导致0.8分以下的难度动作比率都在减少，0.9以上的高难度动作的比率在增加。所以迫切需要创新或演变出新的难度动作以补之。

难度动作创新是难度动作总数不断变化的需要，新规则中难度动作数量有所下降，国际体联将原先难度水平低、没有竞技价值的难度动作进行了合并与删减，这正说明了国际体联需要创新和发展来拓展新的空间。

难度动作创新是改变裁判审美疲劳的撒手锏，A、B、C、D 四类难度动作可供运动员们选择的范围非常广，但通过统计与观察，运动员们常用的动作就归结为几个，所以当别的运动员的难度动作都相类似时，一个出其不意的创新的难度动作便会吸引裁判与观众的眼球，从而获得高分。

（二）竞技健美操难度动作创新训练

1. 单个难度动作创新

难度动作经历了萌芽期、移植期、移植创新、创新到多元创新发展 5 个时期。从刚开始的零星难度动作发展到今天的 A 组动力性力量、B 组静力性力量、C 组跳与跃以及 D 组平衡与柔韧四大类共 336 个难度动作。难度动作经历了一个由简单到复杂、由少到多、由旧到新再到多元的发展历程。

单个难度动作主要采用逆向的思维或者难度递进加难的方法进行创新。逆向思维是指从反向进行考虑，动作顺序逆向主要用于复合动作，是将现有两个或多个动作顺序颠倒过来，从中获得新动作的创新方法，如转体 180° 屈体跳，逆向改变动作顺序后的难度就成为屈体跳转体 180°。

2. 两类难度组合动作创新

难度组合是指两个难度动作在没有任何停顿、犹豫和过渡的前提下直接组合，这两个难度动作可以同组别或者不同组别，但必须是不同类别的，他们将被视为两个难度，若这两个难度均达到了最低完成标准，则该难度组合会得到 0.1 的加分。在最新版的规则中出现了根命组、根命名的新规定，即相同根命组、根命名的难度动作不能在一套操中重复出现，比如以前在大赛中经常出现的团身跳 360° + 科萨克 360° 难度组合，虽然同组，但却因在同一根命组所以不能组合。因此只能尝试不同组别难度动作的组合创新。难度组合的出现给高水平的选手更大的发挥空间，同时在一定程度上提高了难度动作的技艺性和观赏性。难度组合出现的次数越多并且变化多样，操化组合的自由空间就越大，成套动作的编排也就越具观赏性和艺术性。

两类难度组合创新法就是从整体出发，系统地对因素、结构、层次、功能以及动作方向路线进行新的选择、组合和建构，使创造性思维拓宽变广。在竞技健美操难度动作创新中，组合创新法属于常用的方法，规则中出现的很多难度动作均属于组合创新。一般组合创新主要有同类难度组合创新和异类难度组合创新。同类难度组合创新主要是指竞技健美操当中的同一类难度进行组合创新。

第三节 高校竞技健美操实践创新

一、竞技健美操"过渡与连接"创新

在竞技健美操成套动作中,过渡动作是指从一个造型、状态、风格、位置转换到另一个形式的动作,用以连接成套中两个不同主题或段落动作空间允许改变。连接动作是指联系两个不同的动作,该动作本身并没有空间变化。通俗地说,就是将不满一个八拍的操化动作称为过渡连接动作,将不在同一个平面完成的不满八拍的动作称为过渡,在同个平面完成的不满一个八拍的动作叫作连接。成套动作过渡、连接技术合理、巧妙、创造性的编排意味着新思想、新形式、新含义新元素、新改进或想象力,促进难度动作的完成,避免重复和单调。过渡与连接创新是为了空间更完美地转换,是为了便于难度动作更好地展现与完成,是为了能够帮助同伴间托举与配合更加顺畅、新颖、安全。

(一)竞技健美操"过渡与连接"创新的重要性

从竞技健美操的过渡与连接动作的功能论,合理、巧妙的过渡与连接动作有利于消除动作变换间的跳跃性,有利于难度动作、造型的优化配合完成,同时又能提高该难度动作的难度价值,起到事半功倍的效果。过渡与连接动作成为成套动作空间转换的重要途径。从过渡与连接的艺术价值来讲,过渡与连接动作将纷繁复杂的动作自然、巧妙地连接可显示其独到的艺术性,同时其本身的复杂多变也具有一定艺术性。通过不断地变化,能够很好地表现成套动作的艺术风格,起到锦上添花的效果。多变的动作会给裁判和观众层出不穷的感觉。2012年世锦赛中西班牙男单选手伊万的成套动作表演给观众留下了深刻印象,尤其是变化多样的过渡连接动作,突破以往跪跳起或者弓步起等常用过渡动作,每一次空间转换均使用不同花样转换,最终拿到了9.150的高艺术分。在一套1分35秒左右的成套动作中,过渡与连接占有很大一部分比重,影响裁判对整套操的把握,所以合理创新过渡与连接动作能够给裁判一个很好的印象分,从

而能够获得好的名次。

（二）竞技健美操"过渡与连接"创新方法

过渡与连接动作是在成套动作中连接操化—操化、操化—难度、操化—托举造型等之间实现以及空间转换间的健美操特色动作，以充分体现成套动作的多样性。过渡与连接动作将各种类型的动作自然、巧妙地连接，且过渡与连接动作自身的设计也极具艺术性。随着竞技健美操的不断发展，过渡与连接动作趋于多样性和复杂性。成套动作中最常见的过渡与连接创新方式有4种：第一种为不满一个八拍的纯操化过渡动作，这一类型在过渡连接中比较常用；第二种是采用人们常见的双手撑地翻身下、俯卧撑转体弓步起或者翻滚至某一造型或者跪跳起的一类实现空间转换的过渡动作；第三种则是运用一些非难度跳和小跳动作，教练员根据运动员自身优缺点所设计的，比如西班牙选手伊万的"抓脚跳"等；第四种是与竞技健美操发展一致的其他体育项目动作的吸收与利用，如体操、技巧、武术、冰上舞蹈、街舞、拉丁舞、艺术体操的等项目的动作。

二、竞技健美操"托举与配合"创新

托举是指当一名或多名运动员被举、抱、支撑或借助外力离开地面的动作。配合是运动员之间的相互联系。成套动作中必须有两次托举和动力性配合，且两次托举必须是原创的、不同的。这就使得我们必须要努力创新。

（一）竞技健美操"托举与配合"创新的必要性

托举与配合创新是新规则中艺术评判的重要内容。托举与配合动作的评判在新规则中占2分，是以前规则中没有出现的情况，而出其不意、别具匠心的托举与配合是我们不断追求的目标，空间变化的层次、幅度与稳定性能够给人带来独特的视觉冲击，这一亮点，在一定程度上将引导着未来的发展趋势。托举与配合动作是体现运动员相互关系的桥梁，是混双、三人和五人项目的特色组成部分。

（二）竞技健美操"托举与配合"创新方法

"托举"顾名思义，需要"托"与"举"的相互配合，所以底座与尖子是托举与配合的两个重要组成部分。底座即是将另一名运动员托起来的运动员，尖子则为被同伴托起来的队员。因此托举与配合的创新主要是底座与尖子的配合创新。主要有以下七种形式。第一，底座、尖子姿态在每一个托举中可不同，比如底座可站、跪、坐、躺、前撑等，尖子可以屈体分腿支撑、水平支撑、捶地劈腿、纵劈腿以及横劈腿等。第二，托举时底座姿态改变，尖子姿态不变，反之亦然。第三，每次托举时底座人数改变，可以采用"倒金字塔"和"金字塔"型，比如三人操中，第一次为1托2，第二次为2托1，在托举完成前尖子不能出地面。第四，展示尖子被托起的水平高度与底座肩轴不同关系，可以是肩部以下也可以是肩部以上。第五，展示出运动员的力量、柔韧和平衡能力，比如在2008年世锦赛中，法国队的混双、六人操摒弃"男托女"转而采用的"女托男"的"法国式托举"，编排的独特与创新吸引了观众和裁判员的眼球，为整套操艺术分大大增色；罗马尼亚混双中，女子以男子身体为底座，四肢为支撑平面做出的横叉，反映出良好的柔韧和身体协调能力。第六，尖子的身体形态、空间转换呈现多种变化，使得尖子在高、中、低三个空间进行转换，通过数据对比，我们可以清楚地看到，西班牙队在托举动作的空间变化编排上具有明显优势，因此，在竞技健美操托举动作的创新编排上可以增加同一空间的利用次数，使得托举动作具有更好的视觉冲击效果。第七，变换托举的类型，可以是静力性，也可以是动力性的。

参考文献

[1] 孙志雪. 论人文素质教育在高校健美操教学中的渗透策略 [J]. 体育世界, 2023, (11): 95-97.

[2] 肖婷. 健美操与高校体育赛事融合发展问题剖析与优化路径探索 [J]. 文体用品与科技, 2023, (21): 70-72.

[3] 周峰. 高校健美操赛事协同创新的发展实践 [J]. 文体用品与科技, 2023, (20): 40-42.

[4] 刘慧子. 基于体育美育的高校健美操公共选修课程改革研究 [D]. 景德镇：景德镇陶瓷大学, 2023.

[5] 宋子微. 对分课堂教学模式在普通高校健美操教学中的实验研究 [D]. 牡丹江：牡丹江师范学院, 2023.

[6] 潘升. 基于 CiteSpace 对我国健美操教学研究的计量分析 [D]. 贵阳：贵州师范大学, 2023.

[7] 周玉芳. BOPPPS+ 学习通教学模式在高校健美操普修课中的应用研究 [D]. 固原：宁夏师范学院, 2023.

[8] 陈彤彤. PBL 教学法在高校健美操选修课中的应用研究 [D]. 武汉：武汉体育学院, 2023.

[9] 张国庆. 快速伸缩复合训练对高校健美操专项大学生下肢爆发力影响的实验研究 [D]. 武汉：武汉体育学院, 2023.

[10] 车静怡. 同质与异质分组教学形式对高校健美操教学效果的影响研究 [D]. 济南：山东师范大学, 2023.

[11] 董佳航. FMS 测试及矫正训练在高校健美操选修课的实验研究 [D]. 济南：山东师范大学, 2023.

[12] 姬琳. OBE 理念下青海高校健美操公修课课程思政内容构建与教学应用研究 [D]. 西宁：青海师范大学, 2023.

[13] 胡玲玲. 基于 ADDIE 模型的高校健美操微课设计和应用研究 [D]. 广州：广州体育学院, 2022.

[14] 杜丽. 高校健美操教学中课程思政元素融入的实践研究 [D]. 开封：河南大学, 2022.

[15] 马丹阳. CrossFit 训练对高校健美操运动员身体素质的影响研究 [D]. 开封：河南大学, 2022.

[16] 卫如月. 莫斯顿互惠分组教学法在普通高校健美操教学中的应用研究 [D]. 牡丹江：牡丹江师范学院, 2022.

[17] 姚洁桃. 基于 CiteSpace 软件对 1990-2020 年我国健美操教学研究的可视化分析 [D]. 成都：成都体育学院, 2022.

[18] 张艺博. 美育视角下高校健美操课程思政元素的发掘与融合研究 [D]. 成都：成都体育学院, 2022.

[19] 侯露露. 动态分层合作教学模式在高校健美操选修课教学中的应用 [D]. 成都：成都体育学院, 2021.

[20] 赵雪梅. 功能性训练对高校健美操专项班学生竞技健美操难度动作完成质量的影响研究 [D]. 上海：上海体育学院, 2021.

[21] 刘浩. 5E 教学模式在高校健美操专项教学中的实验研究 [D]. 济南：山东体育学院, 2021.

[22] 冯岩. 高校健美操"课程思政"教学实施路径研究 [D]. 郑州：郑州大学, 2021.

[23] 刘焕焕. "混合式教学"在高校健美操选修课的实验研究 [D]. 上海：上海体育学院, 2020.

[24] 彭蓉. "运动教育模式"在高校健美操普修课教学中的实践研究 [D]. 太原：山西大学, 2018.

[25] 熊艳. 我国普通高校健美操"运动教育模式"的理论构建与实证研究 [D]. 北京：北京体育大学, 2013.